Übungshefte ASSiMiL®

Französisch

Anfänger A1-A2

Estelle Demontrond-Box

Deutschsprachige Fassung: Daniel Krasa

Über dieses Übungsheft

Die 20 Lektionen dieses Hefts mit ihren ca. 200 Übungen sind für Französisch-Anfänger konzipiert und ermöglichen es, progressiv die Grundlagen der Sprache zu erlernen und anzuwenden – von der Aussprache über den Wortschatz bis zum Bilden einfacher Sätze.

Jede Lektion behandelt einen grammatikalischen Themenschwerpunkt: Konjugation und Gebrauch von Verben, Wortarten, Satzbau u. v. m., ergänzt durch Aussprachehinweise. Die Übungen ermöglichen eine aktive und kontextbezogene Vertiefung der behandelten Aspekte und stützen sich auf bereits erworbene Kenntnisse. Mit diesem Übungsheft erlernen Sie Französisch auf unterhaltsame und systematische Weise.

Im Verlauf der Übungen können Sie Ihre Leistungen selbst bewerten, indem Sie nach jeder Übung den passenden Smiley auswählen: [🙂], wenn über die Hälfte Ihrer Antworten richtig war, [😐], wenn etwa die Hälfte richtig war oder [🙁], wenn weniger als die Hälfte richtig war. Tragen Sie nach jeder Lektion für jeden Smiley-Typ die jeweils erzielte Anzahl ein.

Übertragen Sie die Gesamtzahlen pro Smiley-Typ in die Punktetabelle auf der letzten Buchseite, und zählen Sie Ihre Endergebnisse nach Abschluss aller Lektionen zusammen.

Hinweis: Die in diesem Übungsheft verwendete phonetische Transkription entspricht der des ASSIMIL-Kurses "Französisch ohne Mühe".

Inhalt

1

Alphabet und Aussprache

(Akzente, stumme Buchstaben, "Liaison")

Das Alphabet *(L'alphabet)*

Das französische Alphabet umfasst dieselben Buchstaben wie das deutsche Alphabet, jedoch werden einige Buchstaben anders ausgesprochen:

A *[a]*	**G** *[sch~e]*	**M** *[äm]*	**S** *[äß]*	**Y** *[i-gräk]*
B *[be]*	**H** *[asch]*	**N** *[än]*	**T** *[te]*	**Z** *[sät]*
C *[ße]*	**I** *[i]*	**O** *[o]*	**U** *[ü]*	
D *[de]*	**J** *[sch~i]*	**P** *[pe]*	**V** *[we]*	
E *[ö]*	**K** *[ka]*	**Q** *[kü]*	**W** *[du-blö we]*	
F *[äf]*	**L** *[äl]*	**R** *[är]*	**X** *[ikß]*	

- Hinweis: Die französischen Buchstaben g und j werden wie in *"Journal"* oder *"Garage"* gesprochen.
- Das w klingt wie im deutschen *"Vase"*, und u entspricht unserem ü wie in *"über"*.

Begrüßungs-/Abschiedsfloskeln und Anreden

bonjour *[boñ-sch~ur]*	*Guten Morgen; Guten Tag*
salut *[ßa-lü]*	*Hallo*
bonsoir *[boñ-ßoar]*	*Guten Abend*
bonne nuit *[bo-nö nüi]*	*Gute Nacht*
à bientôt *[a bjäñ-to]*	*Bis bald* (**bientôt** *bald*)
au revoir *[o rÖ-woar]*	*Auf Wiedersehen; Tschüs*
monsieur *[mÖ-ßjö]*	*(gnädiger/mein) Herr*
madame *[ma-dam]*	*(gnädige) Frau*
mademoiselle *[mad-moa-säl]*	*(gnädiges) Fräulein*
Je m'appelle... *[sch~Ö ma-päl]*	*Ich heiße ...*
bienvenue *[bjäñ-wö-nü]*	*Willkommen*
Ça va ? *[ßa wa?]*	*Wie geht es dir/Ihnen?*

Die rot gekennzeichneten Buchstaben in den Wörterlisten sind stumm.

1 Buchstabieren Sie die Vornamen laut mithilfe des Alphabets auf der vorherigen Seite.

M-A-R-T-I-N-E
X-A-V-I-E-R

G-I-L-L-E-S

J-O-S-E-P-H
P-A-T-R-I-C-K

Verfügt ein Vokal über einen Akzent, so wird dieser auch auf den Großbuchstaben gesetzt: *Élise*.

Namen von Heiligen

Frankreich ist traditionell katholisch geprägt. Jeder Tag des Jahres trägt den Namen eines Heiligen. Personen, die nach einem Heiligen benannt sind, erhalten am Tag ihres Heiligen mitunter ein kleines Geschenk oder eine Glückwunschkarte.

2 Ordnen Sie die französischen Wörter bzw. Wendungen ihrer deutschen Entsprechung zu.

MONSIEUR | AU REVOIR | BONJOUR | BONNE NUIT | MADEMOISELLE | SALUT | À BIENTÔT

GUTEN MORGEN | HALLO | GUTE NACHT | BIS BALD | GNÄDIGER HERR | AUF WIEDERSEHEN | GNÄDIGES FRÄULE

3 Ordnen Sie die Buchstaben dieser bekannten Wörter, und übersetzen Sie sie.

Beispiel: leeelmmadsio → mademoiselle = *Fräulein*

a. lstau → .... = ...

b. sioobrn → .... = ...

c. aeammd → .... = ...

d. ttnbieô → .... = ...

e. eeevnnibu → .... = ...

Geschriebene Akzente des Französischen *(Les accents français)*

Bestimmte französische Vokale tragen Akzente, die anzeigen, wie der Vokal ausgesprochen wird:

- Der **accent aigu** *[ak-ßañt e-gü]* ´ steht auf dem **e (é)** und markiert dieses als helles [e] "lesen".
- Der **accent grave** *[ak-ßañt graw]* ` steht meist auf dem **e (è)**. Er steht für die Aussprache *[ä] [kennen]*. Er kann auch auf **a** oder **u** vorkommen und ermöglicht eine Unterscheidung zwischen ähnlich geschriebenen Wörtern (**à** nach, zu ≠ **a** *er/sie/es hat*).
- Der **accent circonflexe** *[ak-ßañt ßir-koñ-fläkß]* **^** kann auf **a**, **e**, **i**, **o** und **u** verwendet werden und verändert die Aussprache geringfügig. Zerbrechen Sie sich als Anfänger darüber vorerst nicht den Kopf!
- Das **tréma** ¨ weist darauf hin, dass ein Vokal getrennt vom vorhergehenden ausgesprochen wird: **Noël** *[no-äl] Weihnachten.*
- Das **cédille** *[ße-dij]* ist ein kleiner Haken unter dem Buchstaben **c (ç)**. Es signalisiert, dass die Aussprache *[ß]* lautet: **ça** *das, dies.*

Einige französische Feiertage *(Quelques fêtes françaises)*

Pâques *[pak]*	*Ostern*
Noël *[no-äl]*	*Weihnachten*
la Pentecôte *[la pañt-ko▸t]*	*Pfingsten*
la Fête nationale *[la fät na-ßjo-nal]*	*Tag der Erstürmung der Bastille (14. Juli)*
la fête des Mères / Pères *[la fät de mä▸r/pä▸r]*	*Mutter-/Vatertag* (**la mère** *Mutter*, **le père** *Vater*, **la fête** *Fest, Feiertag)*
l'Épiphanie *[le-pi-fa-ni]*	*Dreikönigstag*
la fête du Travail *[la fät dü tra-waj]*	*Tag der Arbeit*
la Toussaint *[la tu-ßäñ]*	*Allerheiligen*

Auszeit

In Frankreich gibt es elf offizielle Feiertage; sechs davon sind religiöse Feiertage.

4 **Buchstabieren Sie diese Feiertage laut unter Verwendung des französischen Alphabets – mit den Akzenten!**

a. P-Â-Q-U-E-S

b. N-O-Ë-L

c. P-E-N-T-E-C-Ô-T-E

d. É-P-I-P-H-A-N-I-E

e. P-È-R-E-S

5 Markieren Sie in jeder Wortgruppe die korrekte Schreibweise, und ergänzen Sie die Bedeutung (bei Bedarf mithilfe eines Wörterbuchs).

a. àge / age / âge ....

b. être / étre / ètre..

c. frere / frère / frére ....

d. salüt / salut / salût ....

e. Fransse / Françe / France ....

f. français / francais / franscais...............................

g. féte / fête / fète ....

6 Ergänzen Sie mithilfe eines Wörterbuchs die Akzente bzw. die Cedille. Kennen Sie auch spontan die Bedeutung? Wenn nicht, schlagen Sie sie nach.

a. pere = ... **c.** lecon = ... **e.** canoe = ...

b. aout = ... **d.** Suede = ... **f.** americain = ...

Stumme Buchstaben des Französischen (*Les lettres muettes en françai*

Leider wird Französisch oft nicht so ausgesprochen, wie es geschrieben wird. Bestimmte Buchstaben werden gar nicht gesprochen! Dies kommt häufig am Wortende vor, z. B. bei Endkonsonanten (**Salut** *[ßa-lü‣] hallo*), beim stummen **e** (**femme** *[fam] Frau*) und beim **h**, das immer stumm ist (**homme** *[Om] Mann*).

Die Zahlen von 0 bis 10 (*Les nombres de 0 à 10*)

0 bis 10			
zéro *[se-ro]*	*null*	**six** *[ßiß]*	*sechs*
un *[äñ]*	*eins*	**sept** *[ßät]*	*sieben*
deux *[dö‣]*	*zwei*	**huit** *[üit]*	*acht*
trois *[tro-a]*	*drei*	**neuf** *[nöf]*	*neun*
quatre *[ka-tr(ö)]*	*vier*	**dix** *[diß]*	*zehn*
cinq *[ßäñk]*	*fünf*		

7 Schauen Sie sich die Wörter und ihre Bedeutungen an. Lesen Sie sie dann laut (rote Buchstaben sind stumm).

estomac *Magen*	**salut** *hallo*	**abricot** *Aprikose*	**nerf** *Nerv*	**trop** *zu viel*
deux *zwei*	**outil** *Werkzeug*	**trois** *drei*	**mot** *Wort*	**froid** *kalt*

8 Ordnen Sie die Zahlwörter den entsprechenden Ziffern zu.

deux zéro dix neuf cinq huit sept

9 5 8 7 2 10 0

Die Lautverbindung *(La liaison)*

- Eine Liaison tritt in der Regel zwischen zwei Wörtern auf, wenn das erste mit einem Konsonanten endet und das zweite mit einem Vokal beginnt. Ist der Endkonsonant des ersten Wortes im Normalfall stumm, wird er zum Anfangskonsonant des nachfolgenden Wortes: **un enfant** *[äñ nañ-fañ] ein Kind.*
- Die Buchstaben **s**, **x**, **z**, **t**, **d**, **n** und **m**, die am Wortende meist stumm sind, werden mitunter gesprochen, wenn das nachfolgende Wort mit Vokal oder stummem **h** beginnt: **les hommes** *[le sOm] die Männer.*
- Bei einer Liaison wird das **s** am Wortende immer stimmhaft ([s]) ausgesprochen.

9 Lesen Sie die Ausdrücke laut, und sprechen Sie die Liaisons so, wie sie in der Lautschrift in eckigen Klammern angegeben ist.

deux amis *[dö sa-mi]*
(**ami** *Freund*)

trois oncles *[tro-a sOñ-kl(ö)]*
(**oncle** *Onkel*)

six hôtels *[ßi so-täl]*

un éléphant *[äñ ñe-le-fañ]*

un petit enfant *[äñ pö-ti tañ-fañ]*
(**petit** *klein*)

un grand homme *[äñ grañ dOm]*
(**grand** *groß, hoch* oder *bedeutend*)

10 **10 Vervollständigen Sie das Kreuzworträtsel mit den Wörtern, die Sie bisher gelernt haben.**

	1	2	3	4	5	6	7	8	9	10	11	12	13
A													
B													
C													
D													
E													
F													
G									N			E	U
H									E				
I													
J													
K													
L													

Hier sind die Lösungswörter auf Deutsch:

Horizontal

A. drei
B. Alter
D. Guten Morgen
F. null
G. Amerikaner (Mask.) - gehabt (Partizip Perfekt)
H. neun
I. eins
J. Weihnachten
L. zehn

Vertical

1. Freund
3. zwei
5. Herr
8. fünf
9. hallo - nicht (… pas)
11. kalt
12. Mutter
13. Werkzeug

Gut gemacht! Sie haben die 1. Lektion geschafft! Bewerten Sie nun Ihre Übungsergebnisse. Tragen Sie die Resultate hier und auch in der Punktetabelle auf Seite 127 ein.

2

Weitere Infos zur Aussprache

(Nasale und Halbkonsonanten, das französische r und u)

Laute des Französischen

Vokale	
Französischer Laut	**Deutsches Äquivalent (sofern vorhanden)**
sa, là, femme, pâte	*[a] / [a‣]** wie in Katze bzw. Nase
travail	*[aj]* wie in sein
baguette, chaise, ouvert	*[ä] / [ä‣]* wie in fett bzw. Käse
thé, ses	*[e]* wie in Leben
abeille	*[ej]* wie in hey
île, si	*[i]/[i‣]* wie in Mist oder Igel
billet	*[ij]* wie in Quadrille
homme	*[O]* wie in Post
drôle, bateau	*[o‣]* wie in Boot
trois	*[oa]* wie in Oase
me	*[ö]* wie in Hose
sœur, jeune	*[Ö]* wie in köstlich
peu	*[ö‣]* wie in böse
feuille	*[öj]*
où, pour	*[u]/[u‣]* wie in Suppe bzw. Mut
oui	*[ui]*
ouest	*[uä]*
grenouille	*[uij]*
tu	*[ü] / [ü‣]* wie in Mücke bzw. müde
nuit	*[üi]*

Konsonanten	
Französischer Laut	**Deutsches Äquivalent (sofern vorhanden)**
balle	*[b]* wie in Ball
danse	*[d]* wie in dann
frère, photo	*[f]* wie in faul
garage	*[g]* wie in groß
homme	das *[h]* ist immer stumm!
yeux	*[j]* wie in ja
bière	*[jä]* wie in Jäger
policier	*[je]* wie in Oje
vieux	*[jö]* wie in Jörg
carte, kaki, quart	*[k]* wie in Katze
lampe	*[l]* wie in Lampe
mère	*[m]* wie in Mutter
nez	*[n]* wie in Nähe
ligne	*[nj]* wie in Champagner
père	*[p]* wie in Post
rouge	*[r]* wie in ruhig (im Rachen gesprochen)
zéro, dix-huit, vase	*[s]* wie in Rose
chou, shampooing	*[sch]* wie in Schule
jour	*[sch~]* wie in Journal
sous, place, ça, option, dix	*[ß]* wie in Masse
tortue	*[t]* wie in Tasse
vert	*[w]* wie Vase oder Woche

* Mit ‣ werden lange Vokale kenntlich gemacht.

Vokale oder Diphthonge (Doppelvokale), denen **n** oder **m** folgt, werden als Nasallaut gesprochen: Der Luftstrom entweicht zum Teil durch die Nase: *[añ]*, *[äñ]*, *[oñ]* usw.

Die Zahlen von 11 bis 22
(Les nombres de 11 à 22)

11 to 22	
onze *[oñs]*	*elf*
douze *[du▸s]*	*zwölf*
treize *[trä▸s]*	*dreizehn*
quatorze *[ka-tOrs]*	*vierzehn*
quinze *[käñs]*	*fünfzehn*
seize *[ßä▸s]*	*sechzehn*
dix-sept *[di-ßät]*	*siebzehn*
dix-huit *[dis-üit]*	*achtzehn*
dix-neuf *[dis-nöf]*	*neunzehn*
vingt *[wäñ]*	*zwanzig*
vingt et un *[wäñt-e äñ]*	*einundzwanzig*
vingt-deux *[wäñt-dö]*	*zweiundzwanzig*

Hinweis: Der Aufbau der Zahlen von 23-29 ist identisch mit dem der Zahl 22.

1 Ergänzen Sie die Wörter ausgehend von der vereinfachten Lautschrift, wenn nötig mithilfe der Tabelle auf Seite 9, und übersetzen Sie sie.

a. *[ßa-lü▸]* = ... = ...

b. *[a-mi▸]* = ... = ...

c. *[mä▸r]* = ... = ...

d. *[ka-tr(ö)]* = ... = ...

e. *[mo▸]* = ... = ...

f. *[a-me-ri-käñ]* = ...

= ....

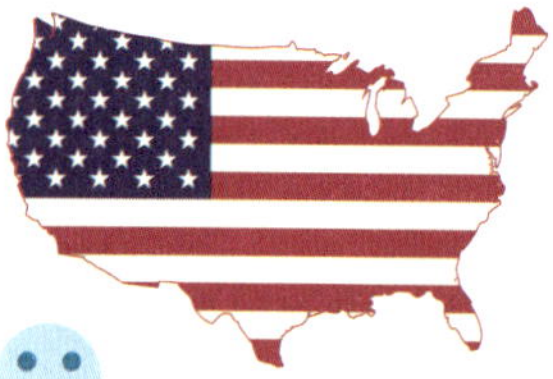

2 Ordnen Sie die Buchstaben der Zahlen, und übersetzen Sie sie.

a. éorz = ... = ...

b. rqazoute = ... = ...

c. iuth = ... = ...

d. xdi-fune = ... = ...

e. tnigv = ... = ...

f. eerzit = ... = ...

Nasalierte Vokale und Halbkonsonanten
(Voyelles nasales et semi-consonnes)

In Silben, die auf Vokal + **m** oder **n** enden, bleiben **m** und **n** stumm, und der Vokal wird nasaliert gesprochen. Beispiele für Wörter, die wir im Deutschen benutzen, sind Restaur<u>ant</u>, Sais<u>on</u> oder Mannequ<u>in</u>.

Hier sind Beispiele für französische Nasallaute:

- **en/em**: *[añ]* (**trente** *[trañt] dreißig*)
- **an/am**: *[añ]* (**tante** *[tañt] Tante*)
- **ain/aim/ein/eim/in/im/un/um**: *[äñ]* (**vingt** *[wäñ] zwanzig*, **pain** *[päñ] Brot*, **plein** *[pläñ] voll*, **brun** *[bräñ] braun*)
- **on/om**: *[oñ]* (**garçon** *[gar-ßoñ] Junge*, **tomber** *[toñ-be] fallen*, **oncle** *[Oñ-kl(ö)] Onkel*)

Halbkonsonanten bzw. Halbvokale

Mitunter werden bestimmte Diphthonge wie folgt ausgesprochen:

- **ui**: *[üi]* (**huit** *[ü-it] acht*)
- **ail**: *[aj]* (**travail** *[tra-waj] Arbeit*)
- **ou**: *[w]* (**oui** *[ui] ja*)

Die Familie *(La famille)*

la mère *[mä▸r]*	*Mutter*	**le mari** *[ma-ri▸]*	*Ehemann*
le père *[pä▸r]*	*Vater*	**le cousin** *[ku-säñ]*	*Cousin* (m.)
le frère *[frä▸r]*	*Bruder*	**la cousine** *[ku-si▸n]*	*Cousine* (f.)
la sœur *[ßÖ▸r]*	*Schwester*	**l'oncle** *[Oñ-kl(ö)]*	*Onkel*
le fils *[fiß]*	*Sohn*	**la tante** *[tañt]*	*Tante*
la fille *[fi▸j]*	*Tochter*	**le grand-père** *[grañ-pä▸r]*	*Großvater*
la femme *[fam]*	*Frau*	**la grand-mère** *[grañ-mä▸r]*	*Großmutter*

3 Markieren Sie in jedem Wort den Nasallaut und ergänzen Sie die Lautschrift, wie im Beispiel gezeigt.

Beispiel: cinq = cinq = [äñ].

a. onze ....

b. à demain *(bis morgen)* ....

c. tante ....

d. faim *(Hunger)* ....

e. chacun *(jeder)* ......

f. bonjour ....

g. patin *(Rollschuh)* ...

h. parfum ....

4 Ergänzen Sie die Wörter ausgehend von der Lautschrift, und übersetzen Sie sie.

a. *[ßÖ▸r]* = ... = ...

b. *[du▸s]* = ... = ...

c. *[grañ-pä▸r]* = ... = ...

d. *[añ-fañ]* = ... = ...

e. *[ßäñk]* = ... = ...

f. *[Oñ-kl(ö)]* = ... = ...

Der Laut [ü] *(Le son [u])*

Das französische **u** wird *[ü]* ausgesprochen. Die Aussprache von **super** ist also *[ßü-pä▸r]*. Unser deutsches **u** hingegen wird auf Französisch **ou** geschrieben: **tout** *[tu]* alles.

5 Üben Sie die Aussprache des Französischen u [ü], indem Sie die folgenden Wörter laut aussprechen.

a. **tu** *(du)*   b. **salut**   c. **musique**   d. **bus**   e. **flûte**

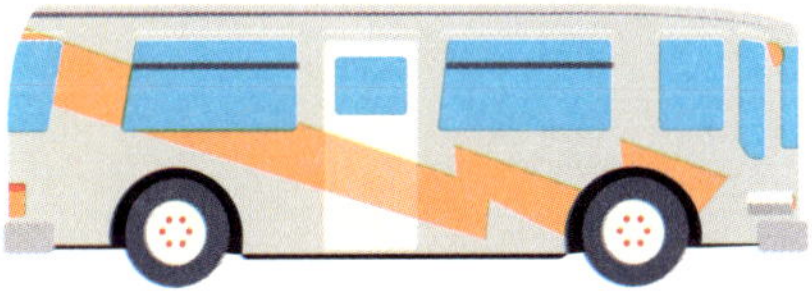

6 Üben Sie die Aussprache der französischen Laute u [ü] und ou [u].

a. tutu
b. toute *(alle [Fem. Sing.])*
c. jour *(Tag)*
d. futur
e. douze

Der Laut [r] *(Le son [r])*

Das französische **r** ähnelt weitgehend dem r des Standarddeutschen. Es wird nicht gerollt, und relativ weit hinten im Rachen gesprochen.

7 Üben Sie die Aussprache des Französischen r, indem Sie die folgenden Wörter laut aussprechen.

a. bonjour **b.** trois **c.** au revoir **d.** quatre **e.** être

8 Schreiben Sie den Namen jedes Familienmitglieds hinter die entsprechende Beschreibung.

La mère :
....
La sœur :
....
Le père :
....
La grand-mère :
....
Le frère :
....
Le grand-père :
....

Excellent ! Sie haben die 2. Lektion geschafft! Bewerten Sie Ihre Übungsergebnisse, und tragen Sie sie hier und auch in der Punktetabelle auf Seite 127 ein.

3

Substantive und Artikel

(Maskulinum/Femininum, Singular/Plural)

Männliche und weibliche Substantive *(Les noms masculins et féminins)*

- Französische Substantive haben ein grammatisches Geschlecht; sie sind männlich (Mask.) oder weiblich (Fem.). Ein Neutrum wie im Deutschen gibt es nicht. Aus einem Substantiv, das einen Mann bezeichnet und das auf Konsonant endet (z. B. **cousin**) wird das weibliche Pendant, indem man **-e** anhängt (**cousin<u>e</u>**). Es gibt jedoch Ausnahmen!
- Prägen Sie sich bei jedem Substantiv am besten gleich auch das jeweilige Geschlecht mit ein.

Das Haus und seine Räume *(La maison et les pièces)*

la chambre (f.) *[la scha~ñ-br(ö)]*	*Schlafzimmer*
la cuisine (f.) *[la küi-si▸n]*	*Küche*
le garage (m.) *[lÖ ga-ra▸sch~]*	*Garage*
le grenier (m.) *[lÖ grÖn-je▸]*	*Dachboden*
le jardin (m.) *[lÖ sch~ar-däñ]*	*Garten*
la salle à manger (f.) *[la ßal a mañ-sch~e]*	*Esszimmer*
la salle de bain (f.) *[la ßal dÖ bäñ]*	*Badezimmer*
le salon (m.) *[lÖ ßa-lOñ]*	*Wohnzimmer*

1 Sind die folgenden Substantive männlich (m.) oder weiblich (w.)?

Substantiv *(nom)*	m.	w.
mère		
chambre		
fils		
salon		
grenier		
maison		

2 Ordnen Sie die Buchstaben dieser Zimmer, und übersetzen Sie sie.

a. naols = ... = ...

b. iosman = ... = ...

c. ggaare = ... = ...

d. iieunsc = ... = ...

e. mbhraec = ... = ...

f. eeirgrn = ... = ...

Substantive im Singular und Plural (Les noms singuliers et pluriels)

- Für den Plural wird **-s** angefügt (**une fille** *ein Mädchen*, **des filles** *Mädchen*) oder **-x** bzw. **-ux** (**un cheveu** *ein Haar*, **des cheveux** *Haare*, **un journal** *eine Zeitung*, **des journaux** *Zeitungen*).
- Endet ein Substantiv auf **-s**, **-x** bzw. **-z**, bleibt es im Plural unverändert: **le fils** *der Sohn*, **les fils** *die Söhne*.

3 Setzen Sie, wie im Beispiel gezeigt, die Singularwörter in den Plural.

Beispiel: un frère = des frères

a. un grenier = des ....

b. une sœur = des ....

c. un salon = des ....

d. un parfum = ...

e. une chambre = ...

f. un père = ...

Männliche und weibliche Substantive: Personen und Berufe (Noms masculins et féminins : les personnes et les métiers)

- Der Artikel für männliche Substantive lautet **un** bzw. **le** (**un homme** *ein Mann*, **le père** *der Vater*), der für weibliche **une** bzw. **la** (**une femme** *eine Frau*, **la mère** *die Mutter*).
- Einige Berufsbezeichnungen können für einen Mann und für eine Frau verwendet werden: **un/une artiste** *ein Künstler/eine Künstlerin.*
- Oft wird einem männlichen Substantiv **-e** hinzugefügt, um die weibliche Form zu erhalten: **l'allemand/l'allemande** *der/die Deutsche.*
- Für bestimmte Substantive gelten besondere Formen der Pluralbildung. Dies betrifft die Endungen **-er → -ère**, **-en → -enne**, **-an → - anne**, **-on → -onne**, **-eur → -euse**, **-eur → -rice**, **-at → -atte**, **-f → -ve**, **-x → -se**.

4 Wer spricht? Eine Frau (F) oder ein Mann (M)? Welche Aussage kann von beiden (F/M) stammen?

	F	M	F/M
a. Je suis (*ich bin*) fermière.			
b. Je suis coiffeur.			
c. Je suis pharmacienne.			
d. Je suis professeur.			
e. Je suis secrétaire.			
f. Je suis avocat.			
g. Je suis comédien.			

Berufe ***(Les métiers)***

un avocat *[a-wo-ka]* / **une avocate** *[a-wo-kat]*	*Rechtsanwalt/-wältin*
un boucher *[bu-sch~e]* / **une bouchère** *[bu-sch~är]*	*Metzger/-in*
un boulanger *[bu-lañ-sch~e]* / **une boulangère** *[bu-lañ-sch~är]*	*Bäcker/-in*
un chanteur *[schañ-tör]* / **une chanteuse** *[schañ-tö‣s]*	*Sänger/-in*
un coiffeur *[ko-a-fÖr]* / **une coiffeuse** *[ko-a-fö‣s]*	*Friseur/-in*
un comédien *[ko-me-djäñ]* / **une comédienne** *[ko-me-djän]*	*Schauspieler/-in*
un/une dentiste *[dañ-tißt]*	*Zahnarzt/-ärztin*
un étudiant *[e-tü-djañ]* / **une étudiante** *[e-tü-djañt]*	*Student/-in*
un fermier *[fär-mje‣]* / **une fermière** *[fär-mjä‣r]*	*Landwirt/-in*
un infirmier *[äñ-fir-mje‣]* / **une infirmière** *[äñ-fir-mjä‣r]*	*Krankenpfleger/-schwester*
un médecin *[med-ßäñ]*	*Arzt/Ärztin*
un musicien *[mü-si-ßjäñ]* / **une musicienne** *[mü-si-ßjän]*	*Musiker/-in*
un pharmacien *[far-ma-ßjäñ]* / **une pharmacienne** *[far-ma-ßjän]*	*Apotheker/-in*
un professeur *[pro-fä-ßÖ‣r]*	*Lehrer/-in*
un/une secrétaire *[ßö-kre-tä‣r]*	*Sekretär/-in*
un serveur *[ßär-wÖ‣r]* / **une serveuse** *[ßär-wö‣s]*	*Kellner/-in*

5 Ergänzen Sie die korrekte Pluralform.

a. Je suis musicienne. Nous sommes *(Wir sind)* ....

b. Je suis médecin. Nous sommes ....

c. Je suis dentiste. Nous sommes ....

d. Je suis bouchère. Nous sommes ....

e. Je suis chanteuse. Nous sommes ....

6 Stammen die obigen Aussagen von einem Mann (m.) oder einer Frau (w.)? Welche kann sowohl von einem Mann als auch von einer Frau stammen?

a. Je suis musicienne. → w.

b. .... **c.** .... **d.** .... **e.** ....

7 Ergänzen Sie die Antworten zu den Fragen auf Französisch.

a. Wie lautet der weibliche unbestimmte Artikel *(eine)*? ....

b. Wie lautet der männliche unbestimmte Artikel *(ein)*? ....

c. Welche ist die Pluralform des unbestimmten Artikels *(einige)*? ....

d. Wie lautet der weibliche bestimmte Artikel *(die)*? ....

e. Wie lautet der männliche bestimmte Artikel *(der)*? ....

f. Wie lautet die Pluralform des bestimmten Artikels *(die)*? ....

g. Wie sagt man "ich bin" und "wir sind" auf Französisch? ....

Bestimmte Artikel (Les articles définis)

Der französische bestimmte Artikel hat vier Formen. Er gleicht sich in Geschlecht und Zahl an das Bezugswort an:

- **le** (Mask. Sing.): **le père**
- **la** (Fem. Sing.): **la mère**
- **l'** vor einem Nomen, das mit Vokal oder stummem **h** beginnt: **l'ami** *[la-mi‣]*, **l'hôtel** *[lo-täl]*
- **les** (Plural): **les parents** *[le pa-rañ]*.

	Singular	Plural
Maskulinum	**le, l'**	**les**
Femininum	**la, l'**	**les**

8 Markieren Sie den korrekten Artikel.

a. Le / La / L' / Les maison est grande *(groß)*.

b. Le / La / L' / Les enfants sont gentils *(nett)*.

c. Le / La / L' / Les salon est petit *(klein)*.

d. Le / La / L' / Les garçons sont blonds.

e. Le / La / L' / Les filles sont belles *(hübsch)*.

f. Le / La / L' / Les chambre est rose *(rosa)*.

9 Markieren Sie das Substantiv, das zu dem Artikel passt.

a. La **chambres / cuisine / salon** est grande.

b. Les **fille / enfant / garçons** sont gentils.

c. L' **secrétaire / avocat / fermier** est sérieux

d. Le **comédien / chanteuse / musiciennes** est génial *(großartig)*.

"Sein" und "haben" *(être et avoir)*

être *[ä‣-tr(ö)] sein*		**avoir** *[a-wo-ar] haben*	
je suis *[sch~Ö ßüi]*	*ich bin*	**j'ai** *[sch~ä]*	*ich habe*
tu es *[tü ä]*	*du bist*	**tu as** *[tü a]*	*du hast*
il/elle est *[il/äl ä]*	*er/sie/es ist*	**il/elle a** *[il/äl a]*	*er/sie/es hat*
nous sommes *[nu‣ ßOm]*	*wir sind*	**nous avons** *[nu‣ sa-wOñ]*	*wir haben*
vous êtes *[wu‣ sät]*	*ihr seid/Sie sind*	**vous avez** *[wu‣ sa-we‣]*	*ihr habt/Sie haben*
ils/elles sont *[il/äl ßOñ]*	*sie sind*	**ils/elles ont** *[il/äl ßOñ]*	*sie haben*

10 Ordnen Sie die konjugierten Formen von "sein" (être) dem passenden Pronomen zu.

JE	SOMMES
TU	EST
IL/ELLE	ÊTES
NOUS	SUIS
VOUS	SONT
ILS/ELLES	ES

11 Ordnen Sie die konjugierten Formen von "haben" (avoir) dem passenden Pronomen zu.

J'	ONT
TU	A
IL/ELLE	AVEZ
NOUS	AI
VOUS	AS
ILS/ELLES	AVONS

12 Ordnen Sie die abgebildeten Personen dem jeweiligen Beruf zu.

1. Un boucher
2. Un médecin
3. Une serveuse

a. b. c. d. e. f.

4. Un professeur
5. Une chanteuse
6. Un boulanger

Bien! Sie haben die 3. Lektion geschafft! Bewerten Sie Ihre Übungsergebnisse, und tragen Sie sie hier und auch in der Punktetabelle auf Seite 127 ein.

4

Pronomen und weitere Infos zu Artikeln

(Unbestimmte Artikel/Teilungsartikel, Subjekt-/Objektpronomen)

Die unbestimmten Artikel (Les articles indéfinis)

- Der unbestimmte Artikel zur Bezeichnung eines nicht näher definierten Singularnomens lautet **un** für männliche und **une** für weibliche Substantive: **un garçon** *ein Junge*, **une fille** *ein Mädchen.*
- **des** *einige*, *mehrere* wird für eine Anzahl nicht näher definierter, aber zählbarer Substantive, die männlich oder auch weiblich sein können, verwendet: **des frères** *Brüder*, **des sœurs** *Schwestern.*

	Singular	Plural
Maskulinum	**un**	**des**
Femininum	**une**	**des**

1 Markieren Sie den korrekten unbestimmten Artikel.

a. Il y a *(Es gibt; dort sind)* **un** / **une** / **des** enfants dans *(in)* la maison.

b. Il y a **un** / **une** / **des** homme dans le salon.

c. Il y a **un** / **une** / **des** chat *(Kater)* dans la chambre.

d. Il y a **un** / **une** / **des** fille dans la cuisine.

e. Il y a **un** / **une** / **des** garçon dans le grenier.

Möbel *(Le mobilier)*

un bureau *[äñ bü-rO‣]*	*Schreibtisch*
un canapé *[äñ ka-na-pe‣]*	*Sofa*
une chaise *[ün schä‣s]*	*Stuhl*
un frigo *[äñ fri-gO‣]*	*Kühlschrank*
une lampe *[ün lañp]*	*Lampe*
un lit *[äñ li‣]*	*Bett*
une table *[ün ta-bl(ö)]*	*Tisch*
une table de nuit *[ün ta-bl(ö) dö nüi]*	*Nachttisch*

2 Ergänzen Sie den passenden unbestimmten Artikel.

"Dans la maison, il y a **(a)** .... cuisine avec **(b)** .... grande table et **(c)** .... chaises. Il y a trois chambres avec **(d)** .... lits confortables et **(e)** .... tables de nuit élégantes. Il y a **(f)** .... bureau et **(g)** .... toilettes. Il y a aussi *(auch)* **(h)** .... petit salon avec **(i)** .... canapés."

Teilungsartikel (Les articles partitifs)

Ist von einer nicht zählbaren Menge die Rede, z. B. Flüssigkeiten, muss ein Teilungsartikel verwendet werden. Dieser ist entfernt vergleichbar mit "etwas, ein wenig" oder "einige", aber im Deutschen wird er meist weggelassen. Im Französischen muss er jedoch IMMER stehen: **J'ai des amis.** *Ich habe Freunde.*

Es gibt vier Formen:

- **du** (Mask. Sing.): **du café** *Kaffee*
- **de la** (Fem. Sing.): **de la salade** *Salat*
- **de l'** vor Nomen, die mit Vokal oder stummem **h** beginnen: **de l'eau** *Wasser*
- **des** (Plural): **des biscuits** *(einige) Kekse.*

	Singular	Plural
Maskulinum	**du, de l'**	**des**
Femininum	**de la, de l'**	**des**

Lebensmittel und Getränke *(Les aliments et les boissons)*

l'ananas *[la-na-naß]* (m.)	*Ananas*
la banane *[la ba-nan]*	*Banane*
les bonbons *[le‣ bOñ-bOñ]*	*Süßigkeiten, Bonbons*
le café *[lÖ ka-fe‣]*	*Kaffee*
le concombre *[lÖ kOñ-kOñ-br(ö)]*	*Gurke*
l'eau *[lo‣]*	*Wasser*
la fraise *[la frä‣s]*	*Erdbeere*
le fromage *[lÖ frO-masch~]*	*Käse*
le gâteau *[lÖ ga-to‣]*	*Kuchen*
la glace *[la glaß]*	*Eiscreme*
le jambon *[lÖ sch~añ-bOñ]*	*Schinken*

le jus d'orange *[lÖ sch~ü do-rañsch~]* (**orange** [Fem.])	*Orangensaft*
le lait *[lÖ lä]*	*Milch*
le pain *[lÖ päñ]*	*Brot*
les pâtes *[le‣ pat]*	*Nudeln*
le poisson *[lÖ poa-ßoñ]*	*Fisch*
la pomme *[la pOm]*	*Apfel*
la pomme de terre *[la pOm dö tär]*	*Kartoffel*
la salade *[la ßa-la-d(ö)]*	*Salat*
la tomate *[la to-mat]*	*Tomate*
la viande *[la wi-añ-d(ö)]*	*Fleisch*

Mahlzeiten

Das französische **petit déjeuner** Frühstück besteht gewöhnlich aus **baguette** mit **confiture** oder einem **croissant** und einem heißen Getränk wie **café** oder **chocolat chaud**, das man aus einer **bol** *Trinkschale* zu sich nimmt. Lust auf ein typisches **déjeuner** *Mittagessen* oder **dîner** *Abendessen*? Dann essen Sie in einem **bistrot**, **restaurant** oder in einer **brasserie**.

3 Geben Sie an, ob der Teilungsartikel männlich (Mask.) oder weiblich (Fem.) ist, im Singular (Sing.) oder im Plural (Pl.) steht.

	Mask.	Fem.	Sing.	Pl.
a. de la viande				
b. des fraises				
c. du fromage				
d. de l'ananas				
e. de l'orange				
f. des bonbons				
g. de la pomme de terre				

4 Sie sind im Restaurant. Ergänzen Sie Ihre Bestellung, indem Sie aus den aufgeführten Teilungsartikeln den jeweils passenden auswählen.

de la   du   des   de l'   de la   du   des   de la

- *Bonjour, monsieur !*

- *Bonjour. Je voudrais* (Ich hätte gerne) **(a)** .... *salade avec* (mit) **(b)** .... *concombre et* **(c)** .... *tomates. Ensuite* (danach), *je voudrais* **(d)** .... *viande avec* **(e)** .... *pommes de terre et* **(f)** .... *pain. En dessert, je voudrais* **(g)** .... *glace. Merci !*

- *Et comme boisson ?*

- *Juste* **(h)** .... *eau. Merci !*

5 Übersetzen Sie diese Ausdrücke mit dem korrekten Teilungsartikel ins Französische.

a. Kuchen ....

b. Süßigkeiten ....

c. Milch ....

d. Tomaten ....

e. Fleisch ....

f. Nudeln ....

6 Ordnen Sie die Beschreibungen dem passenden Bild zu.

a. du pain **b.** de la glace **c.** du poisson **d.** de la pomme **e.** de l'eau **f.** du jambon

1. ....

2. ....

3. ....

4. ....

5. ....

6. ....

Subjektpronomen (Les pronoms sujets)

- Ein Pronomen wird anstelle eines Substantivs verwendet.
- Ein Subjektpronomen bezieht sich auf die Person oder Sache, die die Handlung ausführt: **Gaston aime les frites.** *Gaston mag Pommes frites.* → **Il aime les frites.** *Er mag Pommes frites.*
- Die Subjektpronomen lauten:

Singular		Plural	
je/j'	*ich*	**nous**	*wir*
tu	*du*	**vous**	*ihr, Sie* (Sing. und Pl.)
il	*er, es* (Mask.)	**ils**	*sie* (Mask.)
elle	*sie, es* (Fem.)	**elles**	*sie* (Fem.)

- **Je** *ich* wird vor Vokal oder stummem **h** zu j': **J'ai un frère.** *Ich habe einen Bruder.*
- Auch das Französische unterscheidet zwischen dem informellen **tu** *du* und **vous** *ihr* bzw. dem höflichen **vous** *Sie*. Für die Verwendung gelten im Wesentlichen die Konventionen, die Sie aus dem Deutschen kennen.
- Mit den Pronomen **il/elle** und **ils/elles** bezieht man sich sowohl auf Personen als auch auf Dinge. Sie gleichen sich in Geschlecht und Zahl an das Bezugswort an.
- Im Französischen haben männliche Formen Vorrang vor den weiblichen: Setzt sich eine Gruppe von Personen aus mehreren Frauen und nur einem Mann zusammen, muss das Pronomen für diese Gruppe **ils** lauten (Maskulinum Plural).

7 Ordnen Sie jedes Subjektpronomen seinem deutschen Äquivalent zu.

elle	*ich*
nous	*du*
je/j'	*sie (Mask. Pl.)*
ils	*wir*
vous	*ihr*
il	*sie (Fem. Pl.)*
tu	*er*
elles	*sie (Sing.)*

8 Ergänzen Sie das korrekte Subjektpronomen.

a. .... suis étudiante *(Studentin)*.

b. .... sommes acteurs *(Schauspieler; Pl.)*.

c. .... êtes gentils *(nett)*.

d. .... sont actrices *(Schauspielerinnen)*.

e. .... est grand *(groß; Mask.)*.

f. .... ai deux lits.

Pronomen als Akkusativobjekte (Les pronoms objets directs)

- Ein Akkusativobjekt ist die Ergänzung eines transitiven Verbs im Akkusativ: *Ich rufe dich*. (Akkusativ = "Wen"-Fall)
- Pronomen als Akkusativobjekte werden dem Verb vorangestellt: **Louis te regarde**. Louis schaut *dich* an.

Akkusativpronomen	
me/m'	*mich*
te/t'	*dich*
le/l'	*ihn/es*
la/l'	*sie/es*
nous	*uns*
vous	*euch/Sie*
les	*sie*

Hinweis: **m'**, **t'**, **l'** werden vor Verben benutzt, die mit Vokal beginnen.

Einige Verben auf -er (Quelques verbes en -er)

aider *[ä-de▸]*	*helfen*
aimer *[ä-me▸]*	*mögen/lieben*
aller *[a-le▸]*	*gehen*
appeler *[a-pö-le▸]*	*anrufen*
demander *[dÖ-mañ-de▸]*	*bitten*
donner *[dO-ne▸]*	*geben*
écouter *[e-ku-te▸]*	*zuhören*
embrasser *[añ-bra-ße▸]*	*küssen*
expliquer *[äkß-pli-ke▸]*	*erklären*
parler *[par-le▸]*	*sprechen*
regarder *[rö-gar-de▸]*	*schauen/ beobachten*
téléphoner *[te-le-fo-ne▸]*	*telefonieren*

9 Ordnen Sie die Akkusativpronomen ihrer deutschen Entsprechung zu.

te/t'	le/l'	vous	nous	me/m'	les	la/l'
sie (Pl.)	*euch; Sie (höflich)*	*uns*	*dich*	*sie/es*	*mich*	*ihn/es*

10 Ergänzen Sie das passende Akkusativpronomen.

a. Il .... appelle. *(mich)*
b. Nous .... aimons. *(sie; Pl.)*
c. Vous .... regardez. *(sie; Sing.)*
d. Je ...... aime *(dich)*
e. Tu .... embrasses. *(uns)*
f. Elles .... écoutent. *(ihn)*

Pronomen als Dativobjekte (Les pronoms objets indirects)

Der Dativ ("Wem"-Fall) wird typischerweise mit Verben des Gebens ("geben", "bringen", "schenken" usw.) sowie mit Verben der Mitteilung ("sagen", "antworten", "erklären" usw.) benutzt: **Ils te donnent le livre.** *Sie geben dir das Buch.* Die Pronomen, die als Dativobjekte fungieren, lauten:

Dativpronomen (Sing.)	
me/m'	*mir*
te/t'	*dir*
lui	*ihm*
lui	*ihr*

Dativpronomen (Pl.)	
nous	*uns*
vous	*euch, Ihnen*
leur	*ihnen*

Um zu bestimmen, ob ein Dativpronomen erforderlich ist, fragt man, ob die Handlung "in Richtung auf"/ "an" jemanden gerichtet ist (**à qui ?** "zu wem?"). In diesem Fall wird eine Präposition vor dem Substantiv benötigt, oder es wird ein Dativpronomen verwendet: **Sophie parle à Jérôme.** *Sophie spricht mit Jérôme.* **Sophie lui parle.** *Sophie spricht mit/zu ihm.*

Sophie	**parle**	**à**	**Jérôme.**
Subjekt	Verb	Präposition	Nomen
Sophie	**lui**	**parle.**	
Subjekt	Dativobjekt	Verb	

11 Ergänzen Sie das passende Dativpronomen.

a. Elles .... expliquent la route. *(mir)*
b. Je .... parle. *(euch/ Ihnen)*
c. Nous .... donnons du pain. *(ihnen)*
d. Vous .... téléphonez. *(ihr)*
e. Tu .... demandes. *(ihm)*

Super ! Die 4. Lektion ist geschafft! Bewerten Sie Ihre Übungsergebnisse, und tragen Sie sie hier und auch in der Punktetabelle auf Seite 127 ein.

5

Adjektive

(Angleichung an das Bezugswort; Satzstellung)

Angleichung in Geschlecht und Zahl (Accord en genre et en nombre)

- Ein Adjektiv beschreibt ein Substantiv oder ein Pronomen. Dabei gleicht es sich in Geschlecht (männlich/weiblich) und Zahl (Singular/Plural) an das Nomen an. Bei vielen Adjektiven ergeben sich daraus vier mögliche Formen:

	Singular	Plural
Maskulinum	**joli** *hübsch*	**jolis**
Femininum	**jolie**	**jolies**

- Man erhält gewöhnlich die weibliche Form durch Anfügen eines **-e** an die männliche Form: **joli** → **jolie**.
- Endet die männliche Form auf **-e**, ändert diese sich im Femininum nicht: **Il est triste.** → **Elle est triste.** *Er/ sie ist traurig.". Einige Adjektive folgen einem unregelmäßigen Bildungsmuster:* **-n** → **-nne**, **-c** → **-que**, **-l** → **-lle**, **-er** → **-ère**, **-et** → **-ète**, **-et** → **-ette**, **-eur** → **-euse**, **-eur** → **-rice**, **-f** → **-ve**, **-c/-s** → **-che**, **-g** → **-gue**, **-x** → **-se**, **-u** → **-uë**. Mitunter lautet die weibliche Form eines Adjektivs ganz anders als die männliche: **vieux** *alt* → **vieille**; **fou** *verrückt* → **folle**. Diese Formen müssen Sie einfach nach und nach lernen!
- Für den Plural eines Adjektivs wird der Singularform gewöhnlich **-s** angehängt: **joli** → **jolis**. Endet die Singularform auf **-s** oder **-x**, bleibt sie unverändert. Endet die Singularform auf **-al**, wird daraus **-aux**, und aus **-eau** wird **-eaux**.

Einige häufige Adjektive *(Quelques adjectifs qualificatifs)*

bon *[boñ]*	*gut*	**léger** *[le-sch˜e‣]*	*leicht*
drôle *[dro‣l]*	*lustig*	**lourd** *[lu‣r]*	*schwer*
fou *[fu‣]*	*verrückt*	**mauvais** *[mo-wä]*	*schlecht*
gentil *[sch˜añ-ti‣]*	*nett, freundlich*	**méchant** *[me-schañ]*	*gemein*
grand *[grañ]*	*groß*	**moche** *[mOsch]*	*hässlich*
heureux *[ö-rö‣]*	*fröhlich*	**petit** *[pö-ti]*	*klein*
jeune *[sch˜ön]*	*jung*	**triste** *[trißt]*	*traurig*
joli *[sch˜o-li‣]*	*hübsch, attraktiv*	**vieux** *[wjö‣]*	*alt*

1 Wie lautet die weibliche Form der männlichen Adjektive?

a. Il est joli. → Elle est ....

b. Il est petit. → Elle est ....

c. Il est lourd. → Elle est ....

d. Il est vieux. → Elle est ....

e. Il est méchant. → Elle est ....

f. Il est jeune. → Elle est ....

2 Wie lautet die Pluralform der Singularadjektive?

a. Il est lourd. → Ils sont ....

b. Elle est grande. → Elles sont ....

c. Il est léger. → Ils sont ....

d. Elle est triste. → Elles sont ....

e. Il est fou. → Ils sont ....

f. Elle est moche. → Elles sont ....

3 Ordnen Sie jedem Wort links sein Gegenteil zu.

vieille	méchantes
petits	belle
gentilles	triste
moche	jeune
heureuse	mauvais
lourde	grands
bons	légère

4 Ergänzen Sie die fehlenden Formen der Adjektive.

Maskulinum Singular	Femininum Singular	Maskulinum Plural	Femininum Plural
joli	jolie	**a.**	jolies
b.	heureuse	heureux	heureuses
grand	grande	grands	**c.** ....
mauvais	mauvaise	**d.**	mauvaises
petit	**e.**	petits	petites
beau *(schön, hübsch)*	belle	beaux	**f.**..................
bon	**g.**	bons	bonnes
h.	vieille	vieux	vieilles

Satzstellung und Adjektive (L'ordre des mots et des adjectifs)

- Im Deutschen stehen Adjektive vor dem Substantiv, im Französischen stehen sie jedoch dahinter: *ein blaues Haus* → **une maison bleue**.
- Bestimmte Adjektive können auch vor dem Substantiv stehen, darunter **beau**, **bon**, **gentil**, **grand**, **jeune**, **joli**, **mauvais**, **petit**, **vieux** sowie die Kardinalzahlen.

Die Farben *(Les couleurs)*

blanc *[blañ]*	⚪	*weiß*
bleu *[blö›]*	🔵	*blau*
gris *[gri›]*	●	*grau*
jaune *[sch~o›n]*	🟡	*gelb*
marron *[ma-roñ]*	🟤	*braun*
noir *[no-a›r]*	⚫	*schwarz*

orange *[o-rañsch~]*	🟠	*orange*
rose *[ro›s]*	●	*rosa*
rouge *[ru›sch~]*	🔴	*rot*
vert *[wä›r]*	🟢	*grün*
violet *[wi-o-lä]*	🟣	*violett*

Farbnamen, die von Früchten (**cerise** *Kirsche*, **olive**), Pflanzen (**lavande** *Lavendel*) (Ausnahmen: **rose** und **violet**!), Edelsteinen (**émeraude** *Smaragd*) oder Metallen (**argent** *Silber*) stammen oder in kombinierten Formen (**bleu marine** *marineblau*) auftreten, ändern sich weder im Femininum noch im Plural: **Les chaussures sont marron.** *Die Schuhe sind (kastanien-)braun.* **Elle a des yeux bleu clair**. *Sie hat hellblaue Augen.*

5 Ergänzen Sie die fehlenden Formen der Farben.

	Maskulinum Singular	Femininum Singular	Maskulinum Plural	Femininum Plural
(gelb)	jaune	jaune	jaunes	jaunes
(violett)	1.	2.	violets	3. ....
(grün)	vert	4.	5.	6. ....
(blau)	7.	8.	9.	bleues
(orange)	10.	orange	11.	12. ....
(grau)	13.	14.	gris	15. ....
(weiß)	16.	blanche	17.	18. ....
(schwarz)	19.	20.	21.	noires
(rot)	rouge	22.	23.	24. ....
(braun)	25.	26.	marron	27. ....
(rosa)	28.	rose	29.	30. ....

6 Markieren Sie die korrekte Adjektivform.

a. La table est **vert / verte / verts**.

b. Les canapés sont **violet / violettes / violets**.

c. Les chaises sont **blanche / blancs / blanches**.

d. Le bureau est **noir / noire / noirs**.

e. Les tables de nuit sont **bleues / bleue / bleus**.

7 Übersetzen Sie nun die Sätze aus der vorhergehenden Übung.

a. ....

b. ....

c. ....

d. ....

e. ....

Länder und Nationalitäten *(Les pays et les nationalités)*

- Im Französischen haben auch Ländernamen ein Geschlecht: **<u>la</u> Finlande** *Finnland.*
- Nationalitäten werden wie Adjektive behandelt. Sie gleichen sich im Genus an die betreffende Person an: **un Australien** (Mask.), **une Australienne** (Fem.).
- Bezieht sich die Nationalität auf eine Person, beginnt sie mit einem Großbuchstaben. Bezieht sie sich auf eine Eigenschaft eines Landes oder dessen Sprache, beginnt das Adjektiv mit einem Kleinbuchstaben (**la cuisine française; les enfants sont anglais**).

Land		**Nationalität** (Mask. Sg.)	
l'Allemagne *[al-man-j(ö)]* (Fem.)	*Deutschland*	**Allemand** *[al-mañ]*	*Deutscher*
l'Angleterre *[añ-glö-tä‣r]* (Fem.)	*England*	**Anglais** *[añg-glä]*	*Engländer*
l'Autriche *[lo-trisch]* (Fem.)	*Österreich*	**Autrichien** *[o-trisch-jäñ]* (Fem.)	*Österreicher*
la Belgique *[bäl-sch~ik]* (Fem.)	*Belgien*	**Belge** *[bälsch~]*	*Belgier*
le Canada *[ka-na-da]* (Mask.)	*Kanada*	**Canadien** *[ka-na-djäñ]*	*Kanadier*
la Chine *[schi‣n]* (Fem.)	*China*	**Chinois** *[schi-noa]*	*Chinese*
l'Espagne *[äß-pan-j(ö)]* (Fem.)	*Spanien*	**Espagnol** *[äß-pan-jOl]*	*Spanier*
les États-Unis *[les e-ta sü-ni]* (Mask.)	*Vereinigte Staaten*	**Américain** *[a-me-ri-käñ]*	*Amerikaner*
la France *[frañß]* (Fem.)	*Frankreich*	**Français** *[frañ-ßä]*	*Franzose*
l'Italie *[i-ta-li‣]* (Fem.)	*Italien*	**Italien** *[i-tal-jäñ]*	*Italiener*
le Japon *[sch~a-poñ]* (Mask.)	*Japan*	**Japonais** *[sch~a-po-nä]*	*Japaner*
les Pays-Bas *[pä-i-ba]* (Mask.)	*Niederlande*	**Néerlandais** *[ne-är-lañ-dä]*	*Niederländer*
la Suisse *[ßü-iß]* (Fem.)	*Schweiz*	**Suisse** *[ßü-iß]*	*Schweizer*

8 Ergänzen Sie die fehlenden Formen der Nationalitäten.

Flaggen	Mask. Sing.	Fem. Sing.	Mask. Pl.	Fem. Pl.
	*Néerlandais*	1.	*Néerlandais*	*Néerlandaises*
	2.	*Espagnole*	*Espagnols*	*Espagnoles*
	3.	*Italienne*	4.	*Italiennes*
	*Japonais*	5.	*Japonais*	6. ....
	7.	8.	9.	*Allemandes*
	*Suisse*	10.	11.	12. ....
	*Autrichien*	*Autrichienne*	13.	14. ....

9 Suchen Sie im Buchstabengitter die französischen Wörter für die aufgeführten Nationalitäten (alle Richtungen).

F	C	V	T	D	H	A	L	N	A
S	E	I	D	O	I	S	O	A	C
E	A	P	L	C	D	D	N	M	N
N	N	M	V	B	E	L	G	E	N
N	G	L	E	J	N	E	A	R	E
E	L	B	S	A	H	S	P	I	I
I	A	N	O	P	I	L	S	C	L
D	I	E	E	O	C	S	E	A	A
A	S	B	N	N	S	U	T	I	R
N	D	I	T	A	L	I	E	N	T
A	H	S	N	I	A	S	I	E	S
C	S	D	E	S	D	S	F	D	U
N	A	D	N	A	M	E	L	L	A

Spanier
Australier
Belgier
Chinese
Italiener
Schweizer
Amerikanerin
Engländer
Japaner
Deutscher
Kanadierin
Niederländer

Magnifique ! Sie haben die 5. Lektion geschafft! Bewerten Sie Ihre Übungsergebnisse, und tragen Sie sie hier und auch in der Punktetabelle auf Seite 127 ein.

6

Besitz und Zugehörigkeit, Vorlieben und Abneigungen

(besitzanzeigende/Demonstrativadjektive, Vorlieben und Abneigungen ausdrüc

Possessivadjektive (Les adjectifs possessifs)

Ein Possessivadjektiv zeigt ein Besitzverhältnis an (z. B. "mein", "dein", "sein" usw.). Wie im Deutschen gleicht sich das Adjektiv in Geschlecht und Zahl an das Besitztum an: **sa mère** *seine/ihre Mutter*, **son père** *sein/ihr Vater*, **ses parents** *seine/ihre Eltern*. Für jede Person gibt es drei Formen des Possessivadjektivs:

Besitztum = ein männliches Objekt		Besitztum = ein weibliches Objekt		Besitztum = mehrere Objekte	
mon	*mein*	**ma**	*meine*	**mes**	*meine*
ton	*dein*	**ta**	*deine*	**tes**	*deine*
son	*sein; ihr*	**sa**	*seine; ihre*	**ses**	*seine; ihre*
notre	*unser*	**notre**	*unsere*	**nos**	*unsere*
votre	*euer; Ihr*	**votre**	*eure; Ihre*	**vos**	*eure; Ihre*
leur	*ihr*	**leur**	*ihre*	**leurs**	*ihre*

Hinweis: **mon**, **ton** und **son** werden vor einem weiblichen Substantiv verwendet, wenn dieses mit Vokal oder stummem **h** beginnt

Haustiere (*Les animaux familiers*)

le chat / la chatte *[scha]/[schat]*	*Katze, Kater/Kätzin*
le cheval*/ la jument *[schÖ-wal]/[sch˜ü-moñ]*	*Pferd*/Stute*
le chien / la chienne *[schjäñ]/[schjän]*	*Hund/Hündin*
le hamster *[amß-tä‣r]*	*Hamster*
le lapin / la lapine *[la-päñ]/[la-pi‣n]*	*Kaninchen(bock)/ weibliches Kaninchen*
le poisson *[poa-ßoñ]*	*Fisch*
le serpent *[ßär-pañ]*	*Schlange*
la souris *[ßu-ri‣]*	*Maus*
la tortue *[tOr-tü]*	*Schildkröte*

* **cheval** hat die unregelmäßige Pluralform **chevaux** *[schÖ-wo‣]*.

1 Übersetzen Sie die Sätze wie im Beispiel gezeigt ins Französische.

Beispiel: Es ist meine Katze. (Louise) ➜ C'est mon chat.
(mon stimmt mit chat (männliches Besitztum) und nicht mit Louise (Besitzerin) überein).

a. Es ist seine Maus. (Thomas)
➜ C'est ....

b. Es ist ihre Schwester. (Jean und Caroline)
➜ C'est ....

c. Es ist dein Pferd. (Audrey)
➜ ....

d. Es ist unser Großvater. (Charline und Zoé)
➜ ....

e. Es ist euer Fisch. (Simon und Julie)
➜ ....

f. Es sind eure Hunde. (Coralie und Louis)
➜ Ce sont ....

2 Markieren Sie das jeweils zum Substantiv passende Possessivadjektiv.

a. Ce sont **mon** / **ma** / **mes** sœurs.
b. C'est **ton** / **ta** / **tes** tortue.
c. Ce sont **votre** / **vos** frères.
d. C'est **son** / **sa** / **ses** père.
e. C'est **notre** / **nos** chat.
f. C'est **leur** / **leurs** maison.

3 Ordnen Sie die Buchstaben dieser Haustiere. Ergänzen Sie den bestimmten Artikel (le/la), und übersetzen Sie die Wörter ins Deutsche.

a. oosinps = ... = ...
b. UIORSS = ... = ...
c. tnpsree = ... = ...
d. eavlhc = ... = ...
e. NAELIP = ... = ...
f. matrshe = ... = ...

Vorlieben und Abneigungen *(Ce qu'on aime et ce qu'on n'aime pas)*

Zum Ausdruck von Vorlieben und Abneigungen können Sie **aimer** *mögen, lieben,* **adorer** *lieben, toll finden bzw.* **détester** *hassen, nicht ausstehen können verwenden.* Die Präsenskonjugation dieser regelmäßigen Verben auf **-er** zeigt die Tabelle.

aimer *mögen*	
j'aime	*ich mag*
tu aimes	*du magst*
il/elle aime	*er/sie mag*
nous aimons	*wir mögen*
vous aimez	*ihr mögt, Sie mögen*
ils/elles aiment	*sie mögen*

4 Ergänzen Sie die Aussagen mithilfe der Tabelle auf Seite 31.

a. Vor einem Verb, das mit Vokal beginnt, wird das Subjektpronomen **je** zu ....

b. Bei Verben mit der Infinitivendung **-er** lautet die Endung der 1. und 3. Person Singular ....

c. Das Subjektpronomen **vous** wird verwendet, wenn man sich an .... Personen wendet oder eine Person auf .... Weise anspricht.

5 Konjugieren Sie nun nach dem Muster des Verbs aimer das Verb adorer.

adorer *lieben*	
a.	*ich liebe*
b. tu	*du liebst*
c. il/elle	*er/sie liebt*
d. nous	*wir lieben*
e. vous	*ihr liebt, Sie lieben*
f. ils/elles	*sie lieben*

Sportarten *(Les sports)*

Substantive		**Verben**	
le cyclisme *[ßi-klis-mö]*	*Radsport*	**faire du (= de + le) vélo** *[fä‣r dü we-lo‣]*	*Fahrrad fahren*
le football *[fut-bOl]*	*Fußball*	**jouer** *[sch~u-e]* **au (à + le) football**	*Fußball spielen*
la gymnastique *[sch~im-naß-tik]*	*Gymnastik, Turnsport*	**faire de la gymnastique**	*Gymnastik betreiben, turnen*
le handball *[añd-bal]*	*Handball*	**jouer au handball**	*Handball spielen*
le jogging *[dsch~O-ging]*	*Jogging*	**courir** *[ku-ri‣r]*	*Wettrennen laufen*
le judo *[sch~ü-do]*	*Judo*	**faire du judo**	*Judo betreiben*
la marche *[marsch]*	*Walking*	**marcher** *[mar-sche‣]*	*walken, wandern*
la natation *[na-ta-ßjoñ]*	*Schwimmsport*	**nager** *[na-sch~e‣]*	*schwimmen*
le rugby *[rög-bi]*	*Rugby*	**jouer au rugby**	*Rugby spielen*
le tennis *[tä-niß]*	*Tennis*	**jouer au tennis**	*Tennis spielen*

Le coq

Der gallische Hahn (**coq**) ist das inoffizielle Nationalsymbol Frankreichs. Man sieht es häufig als Logo bei Sportarten wie Fußball und Rugby.

6 Suchen Sie im Buchstabengitter die französischen Wörter für diese Sportarten (links → rechts, oben → unten).

F	R	O	P	S	H	Y	U	F	P	M
Y	J	E	M	N	J	U	D	O	U	i
K	L	N	A	T	A	T	i	O	N	M
A	W	F	R	R	T	E	O	T	A	A
i	R	A	C	Q	E	P	O	B	T	S
S	U	T	H	A	N	D	B	A	L	L
S	G	U	E	E	N	R	T	L	J	i
H	B	M	D	S	i	Y	G	L	D	L
C	Y	C	L	i	S	M	E	B	H	M

Walking
Handball
Fußball
Rugby
Radsport
Schwimmsport
Judo

7 Übersetzen Sie die Sätze ins Deutsche.

a. Julien adore jouer au tennis. → ....

b. Coralie et Sidonie détestent le football. → ....

c. Nous aimons courir. → ....

d. Vous adorez faire de la gymnastique. → ....

e. Ils aiment jouer au handball. → ....

8 Bilden Sie mithilfe der Smileys, wie im Beispiel gezeigt, jeweils zwei Sätze.
☺ aimer ☺☺ adorer ☹ détester

Beispiel: Julie ☺ Fußball → Julie aime le football. / Julie aime jouer au football.

a. Wir ☹ Rugby. → Nous ....
Nous ....

b. Karine und Lucie ☺☺ Schwimmen. → Karine et Lucie ....
Karine et Lucie ....

c. Du ☺ Radsport. → Tu ....
Tu ....

d. Ich ☹ Judo. → Je ....
Je ....

e. Ihr ☺☺ Walking. → Vous ....
Vous ....

Ich mag keine/nicht ... (Je n'aime pas...)

Sehen Sie sich die folgenden Sätze an:

a) **J'aime les pâtes.** *Ich mag Nudeln.*
b) **Je n'aime pas les pâtes.** *Ich mag keine Nudeln.*
c) **Il regarde un film.** *Er sieht sich einen Film an.*
d) **Il ne regarde pas un film.** *Er sieht sich keinen Film an.*

9 Können Sie nun anhand Ihrer Beobachtungen diese Fragen beantworten?

a. Welche beiden Sätze sind affirmativ (bejahend)? ....

b. Welche beiden Sätze sind negativ (verneint)? ....

c. Was fügen Sie hinzu, um die Verneinung zu bilden? ....

d. Welchen Unterschied stellen Sie bei der Verneinung in den Sätzen b und d fest? ...
....
....

10 Verwandeln Sie die bejahenden Aussagen in verneinende.

a. J'aime les bonbons. → ....

b. J'écoute ta mère. → ....

c. Il parle beaucoup *(viel)*. → ....

d. Elles regardent la télévision. → ....

e. Vous aidez votre sœur. → ....

Demonstrativadjektive (Les adjectifs démonstratifs)

- Mit Demonstrativadjektiven wird auf eine Person oder eine Sache hingewiesen. Sie gleichen sich in Geschlecht und Zahl an das Bezugswort an:

	Singular		Plural	
Maskulinum	**ce, cet**	*dieser*	**ces**	*diese*
Femininum	**cette**	*diese*	**ces**	*diese*

- Hinweis: **cet** wird vor einem männlichen Singularnomen oder Adjektiv verwendet, das mit Vokal oder stummem **h** beginnt: **cet ananas** *diese Ananas*, **cet homme** *dieser Mann.*

Kleidung *(Les vêtements)*

la casquette *[kaß-kät]*	*Mütze*
le chapeau* *[scha-po‣]*	*Hut*
les chaussettes *[scho-ßät]*	*Socken*
les chaussures *[scho-ßü‣r]*	*Schuhe*
la chemise *[schö-mi‣s]*	*Hemd*
le chemisier *[schö-mi-sje‣]*	*Bluse*
la jupe *[sch~üp]*	*Rock*
le manteau* *[mañ-to‣]*	*Mantel*
le pantalon** *[pañ-ta-loñ]*	*Hose*
le pull-over *[pü-lo-wä‣r]*	*Pullover*
le pyjama** *[pi-sch~a-ma]*	*Schlafanzug*
la robe *[rOb]*	*Kleid*
le tee-shirt *[ti-schört]*	*T-Shirt*

* Der Plural von **chapeau** *Hut* lautet **chapeaux**, der von **manteau** lautet **manteaux**.

11 Ordnen Sie die Begriffe auf der Reisetasche der entsprechenden Abbildung zu.

a. ....

b. ....

c. ....

d. ....

e. ....

12 Markieren Sie das korrekte Demonstrativadjektiv.

a. **Ce / Cet / Cette / Ces** chaussettes sont rouges.

b. **Ce / Cet / Cette / Ces** chemise est blanche.

c. **Ce / Cet / Cette / Ces** pull-over est gris.

d. **Ce / Cet / Cette / Ces** pantalon est noir et jaune.

e. **Ce / Cet / Cette / Ces** casquette est bleue.

Formidable ! Die 6. Lektion ist geschafft! Bewerten Sie Ihre Übungsergebnisse, und tragen Sie sie hier und auch in der Punktetabelle auf Seite 127 ein.

7

Präsens

(regelmäßige Verben auf -er/-ir/-re/-oir)

Das Präsens der regelmäßigen Verben auf -er (*Les verbes en -er réguliers au présent*)

- Das Präsens wird für die Schilderung von Ereignissen und Zuständen in der Gegenwart, gewohnheitsmäßigen Handlungen und allgemeinen Fakten benutzt, aber auch für Ereignisse in naher Zukunft (**je regarde** *ich schaue, ich werde schauen*).
- Französische Verben sind in drei Verbgruppen eingeteilt: Verben mit Infinitiv auf **-er** (1. Gruppe), Verben mit Infinitiv auf **-ir** (2. Gruppe), Verben mit Infinitiv auf **-re**, **-ir** oder **-oir** (3. Gruppe; viele davon sind unregelmäßig).
- Für das Präsens der regelmäßigen Verben auf **-er** wird die Infinitivendung durch die in der folgenden Tabelle aufgeführten Konjugationsendungen ersetzt.

regarder *(an)schauen*			
je regarde	*ich schaue (an)*	**nous regardons**	*wir schauen (an)*
tu regardes	*du schaust (an)*	**vous regardez**	*ihr schaut (an), Sie schauen (an)*
il/elle regarde	*er/sie schaut (an)*	**ils/elles regardent**	*sie schauen (an)*

1 Markieren Sie das passende Subjektpronomen.

a. **J' / Tu / Ils** aime les pâtes.
b. **Il / Nous / Vous** jouez au rugby.
c. **Il / Nous / Elles** embrassent les garçons.
d. **Je / Nous / Vous** adorons la soupe.
e. **Tu / Elle / Vous** écoutes de la musique.

2 Markieren Sie die korrekte Verbform.

a. Je **regarde / regardes / regardons** le match.
b. Nous **joue / joue / jouons** au basketball.
c. Elle **téléphone / téléphonons / téléphonez** à son grand-père.
d. Vous **aides / aidez / aident** Anne-Sophie.
e. Ils **appelles / appelle / appellent** leur ami.

3 Konjugieren Sie die Verben in der entsprechenden Personalform des Präsens.

a. Tu (**parler**) .... avec *(mit)* Margot.
b. Elle (**jouer**) .... au tennis.
c. Nous (**aimer**) .... courir.
d. Ils (**regarder**) .... les lions au zoo.
e. Vous (**demander**) .... de l'eau.
f. J'(**écouter**) .... mon professeur.

Das Präsens der regelmäßigen Verben auf -ir (Les verbes en -ir réguliers au présent)

Für das Präsens der regelmäßigen Verben auf **-ir** wird die Infinitivendung durch die in der folgenden Tabelle aufgeführten Konjugationsendungen ersetzt.

finir *beenden*			
je	finis	nous	finissons
tu	finis	vous	finissez
il/elle	finit	ils/elles	finissent

Einige regelmäßige Verben auf -ir (*Verbes réguliers en -ir*)

agir *[a-sch~i‣r]*	*handeln*
bâtir *[ba-ti‣r]*	*bauen*
choisir *[scho-a-si‣r]*	*auswählen*
définir *[de-fi-ni‣r]*	*definieren*
finir *[fi-ni‣r]*	*beenden*
nourrir *[nu-ri‣r]*	*füttern, ernähren*
réfléchir *[re-fle-schi‣r]* **+ à**	*nachdenken*
remplir *[rañ-pli‣r]*	*(auf-)füllen*
réussir *[re-ü-ßi‣r]*	*gelingen, Erfolg haben*

4 Markieren Sie die korrekte Verbform.

a. Il **finis / finit / finissez** son gâteau.

b. Nous **bâtis / bâtissons / bâtissez** une grande maison.

c. Vous **choisissons / choisissez / choisissent** un nouveau chien.

d. Tu **réussis / réussit / réussissons** ton examen.

e. Elles **nourrissons / nourrissez / nourrissent** les poissons.

f. Je **réfléchis / réfléchit / réfléchissez** à un cadeau *(ein Geschenk)* pour Rachid.

5 Ergänzen Sie die passende Konjugationsform des Verbs im Präsens.

a. Tu (**choisir**) .... un chapeau.

b. Vous (**finir**) .... votre petit déjeuner.

c. Je (**nourrir**) .... le petit frère d'Amandine.

d. Ils (**remplir**) .... les verres *(die Gläser)* de leurs amis.

e. Nous (**réfléchir**) .... aux vacances *(die Ferien)*.

6 Wählen Sie das passende Verb aus der Liste aus und ergänzen Sie die passende Konjugationsform.

choisir – réfléchir – remplir – finir – réussir

" Allô, Théodore ? Je **(a.)** .... le cadeau pour Marina.
Et vous ? Vous **(b.)** .... le gâteau ?

– Oui, Antoine **(c.)** .... les verres et les ballons sont sur la table.

– Super ! Nous **(d.)** .... cette surprise, d'accord *(einverstanden)* ?
Où sont Thomas et Emma ?

– Ils **(e.)** .... à la musique pour la fête.

– Très bien. À bientôt ! "

Das Präsens der regelmäßigen Verben auf -re *(Les verbes en -re réguliers au présent)*

Für das Präsens der regelmäßigen Verben auf **-re** wird die Infinitivendung durch die in der folgenden Tabelle aufgeführten Konjugationsendungen ersetzt.

vendre *verkaufen*	
je	**vends**
tu	**vends**
il/elle	**vend**
nous	**vendons**
vous	**vendez**
ils/elles	**vendent**

Einige regelmäßige Verben auf -re *(Verbes réguliers en -re)*

attendre *[a-tañ-dr(ö)]*	*warten*
descendre *[de-ßañ-dr(ö)]*	*ab-/ aussteigen*
entendre *[añ-tañ-dr(ö)]*	*hören*
rendre *[rañ-dr(ö)]*	*zurückgeben*
répondre *[re-pOñ-dr(ö)]* **+ à**	*antworten auf*
perdre *[pär-dr(ö)]*	*verlieren*
vendre *[wañ-dr(ö)]*	*verkaufen*

7 Ergänzen Sie das passende Subjektpronomen (bei einigen gibt es zwei Möglichkeiten).

a. .... vends des salades.

b. .... entendons notre chien.

c. .... répondez à la lettre de Fabrice.

d. .... attendent le bus.

e. .... descend à la cave *(der Keller)*.

8 Ordnen Sie jedem Satzanfang den passenden Satzabschluss zu.

1. J'entends...	**a.** ... le taxi pour l'aéroport.
2. Nous attendons...	**b.** ... à leur professeur.
3. Vous descendez...	**c.** ... ton livre à Karim.
4. Tu vends...	**d.** ... ses clés *(ihre Schlüssel)* dans le bus.
5. Elle perd...	**e.** ... un oiseau chanter *(singen)*.
6. Ils répondent...	**f.** ... du bus.

9 Übersetzen Sie die Sätze ins Deutsche.

a. Ils vendent leur maison. → ....

b. Nous réussissons notre gâteau. → ....

c. Vous choisissez un nom pour le chat. → ....

d. Je perds mes livres. → ....

e. Elle embrasse Pacôme. → ....

f. Tu aides Romain. → ....

10 Übersetzen Sie die Sätze ins Französische.

a. Sie beenden das Abendessen. → ....

b. Ich habe Erfolg beim Schwimmen. → ....

c. Wir steigen vom Pferd ab. → ....

d. Sie hört den Hund. → ....

e. Du gibst deinen Mantel. → ....

f. Ihr bittet/Sie *(höfl.)* bitten um einen Tisch. → ....

Très bien! Die 7. Lektion ist geschafft! Bewerten Sie Ihre Übungsergebnisse, und tragen Sie sie hier und auch in der Punktetabelle auf Seite 127 ein.

8

Zahlen und Zeitangaben

(Kardinal- und Ordinalzahlen, Uhrzeiten)

Kardinalzahlen (Les nombres cardinaux)

- Kardinalzahlen (Grundzahlen) werden zum Zählen verwendet (z. B. 1, 2, 3 usw.). Sie sind die Antwort auf die Frage **Combien de ... ?** *Wie viele ...?*
- Die einzige Kardinalzahl, für die es eine männliche und eine weibliche Form gibt, ist **un** *eins*: **un chapeau** *ein Hut*, **une jupe** *ein Rock*.

Die Zahlen ab 30 *(Les nombres à partir de 30)*

(Siehe Seite 6 für 0-10 und Seite 10 für 11-29).

30	**trente** *[trañt]*	78	**soixante-dix-huit**
31	**trente et un**	79	**soixante-dix-neuf**
32	**trente-deux**	80	**quatre-vingts**
40	**quarante** *[ka-rañt]*	81	**quatre-vingt-un**
41	**quarante et un**	82	**quatre-vingt-deux**
42	**quarante-deux**	90	**quatre-vingt-dix**
50	**cinquante** *[ßäñ-kañt]*	91	**quatre-vingt-onze**
51	**cinquante et un**	92	**quatre-vingt-douze**
52	**cinquante-deux**	100	**cent** *[ßañ]*
60	**soixante** *[ßoa-ßañt]*	101	**cent un**
61	**soixante et un**	102	**cent deux**
62	**soixante-deux**	200	**deux cents**
70	**soixante-dix**	201	**deux cent un**
71	**soixante et onze**	202	**deux cent deux**
72	**soixante-douze**	1000	**mille** *[mil]*
73	**soixante-treize**	2000	**deux mille**
74	**soixante-quatorze**	2001	**deux mille un**
75	**soixante-quinze**	2002	**deux mille deux**
76	**soixante-seize**	100 000	**cent mille**
77	**soixante-dix-sept**	1 000 000	**un million** *[mil-joñ]*

Hinweis: **vingt** und **cent** erhalten ein **-s**, wenn ihnen eine Zahl vorangeht, jedoch nicht, wenn ihnen eine weitere Zahl folgt: **quatre-vingts** *80* → **quatre-vingt-treize** *93*; **deux cents** *200* → **deux cent cinquante** *250*. An **mille** *1000* wird nie ein **-s** angehängt.

1 Schreiben Sie die Zahlen auf Französisch und suchen Sie sie dann im Buchstabengitter (alle Richtungen).

0 = ...
3 = ...
7 = ...
8 = ...
9 = ...
10 = ...
12 = ...
13 = ...
14 = ...
15 = ...
22 = ...
30 = ...
40 = ...
50 = ...
52 = ...
64 = ...
70 = ...
81 = ...
100 = ...
1 000 = ...

E	R	T	A	U	Q	E	T	N	A	X	I	O	S
Q	D	R	C	E	Q	U	A	R	A	N	T	E	K
H	V	V	E	N	Q	O	U	D	R	L	E	T	M
A	C	I	N	Q	U	A	N	T	E	D	E	U	X
E	J	N	T	F	I	O	U	M	R	S	A	I	S
T	N	G	T	I	N	M	S	I	T	O	X	M	K
P	M	T	U	E	Z	I	E	R	T	Z	I	W	P
E	S	D	S	R	E	L	Y	A	C	J	S	S	O
S	O	E	B	O	T	L	R	M	I	I	G	G	R
F	Q	U	A	T	R	E	V	I	N	G	T	U	N
D	I	X	G	Z	E	C	X	U	Q	Y	A	C	T
O	A	F	U	E	N	A	P	D	U	A	O	V	M
U	R	H	U	I	T	T	O	B	A	Z	E	R	O
Z	U	I	S	K	E	R	I	F	N	R	U	S	O
E	B	O	M	A	Z	Q	U	A	T	O	R	Z	E
I	U	S	O	I	X	A	N	T	E	D	I	X	A

2 Welche Zahl setzt die Folge logisch fort?

a. zéro, trois, six, neuf, ...
b. six, douze, dix-huit, vingt-quatre, ...
c. cent, quatre-vingt-dix, quatre-vingts, ...
d. un, onze, vingt et un, trente et un, ...
e. neuf, dix-huit, vingt-sept, trente-six, ...
f. dix, douze, vingt, vingt-deux, trente, ...

3 Ordnen Sie die Buchstaben der Zahlen zwischen 0 und 1000 Ergänzen Sie, wo nötig, die Bindestriche.

a. eaarnutetpqs = ...
b. xgdvtniue = ...
c. iellm = ...
d. usqvngttaeir = ...
e. erotuzaq = ...
f. nisxateo = ...

Ordinalzahlen *(Les nombres ordinaux)*

Ordnungszahlen geben eine Reihenfolge oder einen Rang an (1., 2., 3. usw.). Nur "erster, -e, -es" hat eine männliche und eine weibliche Form: **premier** (m.) → **première** (Das **-e** am Ende der Ordinalzahlen ist stumm).

1er / 1re	**premier / première**	18^{e}	**dix-huitième**
2^{e}	**deuxième**	19^{e}	**dix-neuvième**
3^{e}	**troisième**	20^{e}	**vingtième**
4^{e}	**quatrième**	21^{e}	**vingt et unième**
5^{e}	**cinquième**	22^{e}	**vingt-deuxième**
6^{e}	**sixième**	23^{e}	**vingt-troisième**
7^{e}	**septième**	24^{e}	**vingt-quatrième**
8^{e}	**huitième**	25^{e}	**vingt-cinquième**
9^{e}	**neuvième**	26^{e}	**vingt-sixième**
10^{e}	**dixième**	27^{e}	**vingt-septième**
11^{e}	**onzième**	28^{e}	**vingt-huitième**
12^{e}	**douzième**	29^{e}	**vingt-neuvième**
13^{e}	**treizième**	30^{e}	**trentième**
14^{e}	**quatorzième**	40^{e}	**quarantième**
15^{e}	**quinzième**	70^{e}	**soixante-dixième**
16^{e}	**seizième**	100^{e}	**centième**
17^{e}	**dix-septième**	1000^{e}	**millième**

4 Schreiben Sie die Ordinalzahlen in Ziffern.

E.g. quarante-quatrième = 44^{e}

a. troisième = ...

b. millième = ...

c. soixante-dixième = ...

d. seizième = ...

e. soixantième = ...

f. dix-neuvième = ...

g. quatre-vingt-onzième = ...

5 Übersetzen Sie die Ordinalzahlen ins Französische.

a. erster, -e, -es = ...

b. vierzehnter, -e, -es = ...

c. zwanzigster, -e, -es = ...

d. zweiunddreißigster, -e, -es = ...

e. fünfundfünfzigster, -e, -es = ...

f. achtundsechzigster, -e, -es = ...

g. sechsundachtzigster, -e, -es = ...

h. hundertster, -e, -es = ...

6 Wandeln Sie die Kardinalzahlen in Ordinalzahlen um.

a. un = ...

b. douze =..

c. cinquante = ...

d. cent = ...

e. dix-sept = ...

f. neuf = ...

g. cinquante-deux = ...

....

Wie spät ist es? (Quelle heure est-il ?)

- Auf eine Zeitangabe folgt **heure** (Fem.) *Stunde*. Im Deutschen kann *Uhr* wegfallen, aber **heure(s)** muss immer mit der Uhrzeit stehen: **Il est une heure.** *Es ist ein Uhr.* **Il est six heures.** *Es ist sechs Uhr.*
- In Frankreich benutzt man das 24-Stunden-System: **quinze heures quinze** *15:15 Uhr*. (... **et quart** *Viertel nach* ... und ... **et demie** *halb* ... können nicht mit dem 24-Stunden-System verwendet werden!).
- Bei Verwendung des 12-Stunden-Systems kann man die Uhrzeit mit **du matin** *morgens*, **de l'après-midi** *nachmittags* (bis 18 Uhr) oder **du soir** *abends* (ab 18 Uhr) präzisieren.

Zeitangaben (*Dire l'heure*)

Il est ...	*Es ist ...*
... midi. *[mi-di‣]*	*... 12 Uhr mittags.*
... minuit. *[mi-nü-i‣]*	*... Mitternacht.*
... une heure.	*... ein Uhr.*
... deux heures.	*... zwei Uhr.*
... trois heures et quart.	*... Viertel nach drei.*
... quatre heures et demie.	*... halb fünf.*
... cinq heures moins le quart.	*... Viertel vor fünf.*
... six heures dix.	*... zehn nach sechs.*
... sept heures moins vingt.	*... zwanzig vor sieben.*
un quart d'heure	*eine Viertelstunde*
une demi-heure	*eine halbe Stunde*
à huit heures du matin	*um acht Uhr morgens*
à cinq heures de l'après-midi	*um fünf Uhr nachmittags*
à neuf heures du soir	*um neun Uhr abends*

Das 24-Stunden-System

Die offizielle Zeit, **l'heure officielle**, wird mit dem 24-Stunden-System angegeben, vor allem bei Fahrplänen, Veranstaltungen, Sendungen in Rundfunk und TV und allen Arten öffentlicher Bekanntmachungen.

7 Zeichnen Sie auf den Uhren die Uhrzeit ein.

a. Il est huit heures.

b. Il est seize heures.

c. Il est trois heures et demie.

d. Il est deux heures et quart.

e. Il est minuit.

f. Il est neuf heures moins le quart.

8 Schreiben Sie die Uhrzeit auf Französisch aus.

a. *Il est* ....
b. ....
c. ....
d. ....
e. ....
f. ....

9 Ordnen Sie die gezeigten Uhrzeiten den Zeitangaben zu.

neuf heures moins vingt
midi
quatre heures moins le quart
sept heures moins dix
dix heures vingt-cinq
cinq heures dix

Parfait ! Die 8. Lektion ist geschafft! Bewerten Sie Ihre Übungsergebnisse, und tragen Sie sie hier und auch in der Punktetabelle auf Seite 127 ein.

9

Weitere Infos zum Präsens

(unregelmäßige Verben auf -er/-ir/-re)

Das Präsens der unregelmäßigen Verben auf -er (Les verbes en -er irréguliers au présent)

- **aller** *gehen* ist das einzige wirklich unregelmäßige Verb. Einige seiner Präsensformen unterscheiden sich grundlegend vom Infinitiv. Allerdings können im Stamm anderer Verben auf **-er** gewisse orthografische Veränderungen auftreten.
- Verben mit geänderter Schreibweise in der 1. Person Plural (**nous**):
- Bei Verben auf **-cer** wird **c** zu **ç**: **nous remplaçons** *wir ersetzen*.
- Bei Verben auf **-ger** wird **e** an den Stamm angehängt: **nous rangeons** *wir räumen auf*.
- Verben mit orthografischen Veränderungen in allen Personen – außer der 1. und 2. Person Plural (**nous** und **vous**) – d. h. die Veränderung betrifft **je, tu, il/elle, ils/elles**.
  - z. B. **acheter**: **e** → **è** = **j'achète**
  - z. B. **nettoyer**: **y** → **i** = **tu nettoies**
  - z. B. **appeler**: **l** → **ll** = **elle appelle**
  - z. B. **espérer**: **é** → **è** = **elles espèrent**

Einige unregelmäßige Verben auf -er *(Quelques verbes irréguliers en -er)*

acheter *[asch-te‣]*	*kaufen*
aller *[a-le‣]*	*gehen*
appeler *[a-pö-le‣]*	*(an-)rufen*
envoyer *[añ-wo-a-je‣]*	*senden*
espérer *[äß-pe-re‣]*	*hoffen*
jeter *[sch~ö-te‣]*	*werfen*
manger *[mañ-sch~e‣]*	*essen*
nettoyer *[nä-to-a-je‣]*	*putzen*
préférer *[pre-fe-re‣]*	*bevorzugen*
ranger *[rañ-sch~e‣]*	*auf-/wegräumen*

1 Markieren Sie die korrekte Schreibweise des Verbs.

a. Nous **espérons / espèrons** manger des pâtes.

b. Tu **achétes / achètes** des poissons.

c. Vous **commencez / commençez** le piano.

d. Elles **envoyent / envoient** une lettre à Sophie.

e. Nous **rangons / rangeons** la chambre de Catherine.

2 Konjugieren Sie die unregelmäßigen Verben nach den Regeln auf der vorherigen Seite.

a. Nous (**manger**) .... une délicieuse pizza !

b. Il (**jeter**) .... ses vieilles chaussettes.

c. Elles (**préférer**) .... les films drôles *(lustig)*.

d. Tu (**appeler**) .... ton chien.

e. Je (**nettoyer**) .... les toilettes.

3 Ordnen Sie die Verben der entsprechenden Abbildung zu.

appeler jeter manger acheter envoyer nettoyer

a. b. c. d. e. f.

Einige unregelmäßige Verben auf -ir/-re/-oir *(Quelques verbes irréguliers en -ir/-re/-oir)*

avoir *[a-wo-ar]*	*haben*
battre *[bat-r(ö)]*	*schlagen*
boire *[bo-ar]*	*trinken*
craindre *[kräñ-dr(ö)]*	*fürchten*
croire *[kro-ar]*	*glauben*
devoir *[dö-wo-ar]*	*müssen*
dire *[di‣r]*	*sagen*
faire *[fä‣r]*	*machen, tun*
lire *[li‣r]*	*lesen*

mettre *[mä-tr(ö)]*	*setzen, stellen, legen*
peindre *[päñ-dr(ö)]*	*malen*
pouvoir *[pu-wo-ar]*	*können*
prendre *[prañ-dr(ö)]*	*nehmen*
rompre *[rOñ-pr(ö)]*	*brechen*
savoir *[ßa-wo-ar]*	*wissen*
tenir *[tö-ni‣r]*	*halten*
venir *[wö-ni‣r]*	*kommen*
vouloir *[wu-lo-ar]*	*wollen*

Das Präsens der unregelmäßigen Verben auf -ir/-re/-oir *(Les verbes en -ir/-re/-oir irréguliers au présent)*

- Es gibt fünf Typen unregelmäßiger Verben auf **-re**. Hier sind die Konjugationsmodelle:

– **prendre: je prends, tu prends, il/elle prend, nous prenons, vous prenez, ils/elles prennent** (kein **d** in den Pluralformen, in der 3. Pers. Pl. verdoppeltes **n**)

– **battre: je bats, tu bats, il/elle bat, nous battons, vous battez, ils/elles battent** (in den Singularformen entfällt ein **t**)

– **mettre: je mets, tu mets, il/elle met, nous mettons, vous mettez, ils/elles mettent** (in den Singularformen entfällt ein **t**)

– **rompre: je romps, tu romps, il/elle rompt, nous rompons, vous rompez, ils/elles rompent** (in der 3. Pers. Sing. wird **t** angefügt)

– Verben mit der Endung **-aindre** (**craindre**) und **-eindre** (**peindre**): **je crains, tu crains, il/elle craint, nous craignons, vous craignez, ils/elles craignent** (in allen Formen entfällt **d**, in den Pluralformen wird vor **n** ein **g** eingefügt)

- Viele unregelmäßige Verben folgen jedoch keinem Muster und müssen einzeln gelernt werden.

– **boire: je bois, tu bois, il/elle boit, nous buvons, vous buvez, ils/elles boivent**

– **croire: je crois, tu crois, il/elle croit, nous croyons, vous croyez, ils/elles croient**

– **devoir: je dois, tu dois, il/elle doit, nous devons, vous devez, ils/elles doivent**

– **dire: je dis, tu dis, il/elle dit, nous disons, vous dites, ils/elles disent**

– **faire: je fais, tu fais, il/elle fait, nous faisons, vous faites, ils/elles font**

– **lire: je lis, tu lis, il/elle lit, nous lisons, vous lisez, ils/elles lisent**

– **pouvoir: je peux, tu peux, il/elle peut, nous pouvons, vous pouvez, ils/elles peuvent**

– **savoir: je sais, tu sais, il/elle sait, nous savons, vous savez, ils/elles savent**

– **venir: je viens, tu viens, il/elle vient, nous venons, vous venez, ils/elles viennent**

– **vouloir: je veux, tu veux, il/elle veut, nous voulons, vous voulez, ils/elles veulent**

4 Ordnen Sie das Subjektpronomen entsprechend dem konjugierten Verb dem Satzabschluss zu

1. Je ... a. ... peignons le mur *(Wand)* du salon.
2. Tu ... b. ... dois boire de l'eau.
3. Elle ... c. ... faites un gâteau au chocolat.
4. Nous ... d. ... lisent beaucoup de *(sehr viele)* livres.
5. Vous ... e. ... dis au revoir à ta grand-mère.
6. Ils ... f. ... met sa robe bleue.

5 Übersetzen Sie die Sätze aus der vorherigen Übung.

a. Ich ....

b. Du ....

c. Sie ....

d. Wir ....

e. Ihr/Sie ....

f. sie (Mask. oder beide Geschlechter) ....

6 Konjugieren Sie die Verben in der richtigen Person im Präsens.

a. Je (**croire**) .... les histoires *(Geschichten)* de mon père.

b. Vous (**lire**) .... un livre très intéressant *(sehr interessant)*.

c. Elles (**pouvoir**) .... regarder la télé le dimanche *(am Sonntag)*.

d. Nous (**savoir**) .... nos tables de multiplication.

e. Tu (**devoir**) .... écouter tes professeurs.

Reflexive Verben und Reflexivpronomen (Les verbes pronominaux et les pronoms réfléchis)

- Bei rückbezüglichen Verben mit dem Reflexivpronomen "sich" führt das Subjekt die Handlung an sich selbst aus. Viele französische Verben sind rückbezüglich, die es im Deutschen nicht sind: **Nous <u>nous</u> réveillons.** *Wir wachen auf. (von* **se réveiller**).
- Bei der Konjugation eines rückbezüglichen Verbs muss das Pronomen mit einbezogen werden. Es muss sich an das Subjekt angleichen: **Je <u>me</u> lève.** *Ich stehe auf.* Die Pronomen im Plural können auch "einander, gegenseitig" bedeuten.

Reflexivpronomen			
me	*mich selbst*	**nous**	*uns selbst*
te	*dich selbst*	**vous**	*(ihr) euch/(Sie) sich selbst*
se	*(er/sie/es/man) sich selbst*	**se**	*(sie) sich selbst*

- Hinweis: **me**, **te**, **se** werden vor einem Verb mit Vokal oder stummem **h** zu **m'**, **t'**, **s'**.

Einige rückbezügliche Verben *(Quelques verbes pronominaux)*

s'amuser *[ßa-mü-se▸]*	*Spaß haben, sich amüsieren*
s'appeler *[ßa-pö-le▸]* (+ name)	*heißen, sich nennen*
se brosser *[ßö brO-ße▸]* **les dents**	*sich die Zähne putzen*
se coucher *[ßö ku-sche▸]*	*schlafen gehen, sich hinlegen*
se doucher *[ßö du-sche▸]*	*sich duschen*
s'habiller *[ßa-bi-je▸]*	*sich anziehen*
se laver *[ßö la-we▸]*	*sich waschen*
se lever *[ßö lö-we▸]*	*aufstehen*
se promener *[ßö prO-mö-ne▸]*	*spazieren gehen*
se réveiller *[ßö rö-wei-je▸]*	*aufwachen*

Der Körper *(Le corps)*

la bouche *[busch]*	*Mund*
les bras *[bra]*	*Arme*
les cheveux *[schÖ-wö▸]*	*Haare*
les doigts *[do-a]*	*Finger*
le dos *[do▸]*	*Rücken*
les jambes *[sch~añb]*	*Beine*
les mains *[mäñ]*	*Hände*
le nez *[ne▸]*	*Nase*
les oreilles *[o-räij]*	*Ohren*
les pieds *[pje▸]*	*Füße*
la tête *[tät]*	*Kopf*
le ventre *[wOñ-tr(ö)]*	*Magen*
les yeux *[sjö▸]*	*Augen*

7 Markieren Sie das korrekte Pronomen.

a. Je **me** / **te** / **se** lave les mains.

b. Elle **me** / **te** / **se** promène dans *(in)* la forêt.

c. Nous **me** / **nous** / **vous** amusons avec nos amis.

d. Tu **me** / **te** / **se** brosses les dents.

e. Vous **nous** / **vous** / **se** douchez tous les jours *(jeden Tag)*.

8 Ergänzen Sie das passende Reflexivpronomen aus der Badewanne.

a. Elle .... habille dans la chambre.

b. Nous .... réveillons à 8 heures.

c. Je .... amuse avec le chat.

d. Ils .... couchent tard *(spät)*.

e. Vous .... levez dans l'après-midi.

f. Tu .... brosses les cheveux.

9 Ergänzen Sie die passende Personalform und das Reflexivpronomen der rückbezüglichen Verben.

a. Elle (**se coucher**) .... à 21 heures.

b. Nous (**se promener**) .... avec Marc et Lucie.

c. Je (**se laver**) .... les mains.

d. Ils (**s'habiller**) .... très vite (*sehr schnell*) !

e. Tu (**se réveiller**) .... à 7 heures.

10 Ordnen Sie die Buchstaben der Körperteile, und übersetzen Sie sie.

Beispiel: el zne → le nez → Nase

a. al euhboc → .... = ...

b. sle eeolslri → .... = ...

c. sel niasm → .... = ...

d. lse exuhvce → .... = ...

e. sle msabej → .... = ...

f. el tnveer → .... = ...

C'est ça! Die 9. Lektion ist geschafft! Bewerten Sie Ihre Übungsergebnisse, und tragen Sie sie hier und auch in der Punktetabelle auf Seite 127 ein.

10

Weitere Infos zu Pronomen

(Demonstrativ-, Possessiv- und Interrogativpronomen)

Demonstrativpronomen (Les pronoms démonstratifs)

- Sie haben die Demonstrativadjektive **ce(t)**, **cette** *dieser*, *diese* und **ces** *diese* kennengelernt (S. 34). Demonstrativpronomen ersetzen ein Substantiv und gleichen sich an dieses an.

	Maskulinum	Femininum
Singular	**celui** *dieser, der*	**celle** *diese, die*
Plural	**ceux** *diese, die*	**celles** *diese, die*

- Diesen Pronomen folgt entweder
  - eine Präposition wie z. B. **à**, **de**, **dans**: **J'aime cette maison mais je n'aime pas celle de mes parents.** *Ich mag dieses Haus, aber ich mag nicht das meiner Eltern.*
  - oder **-ci** bzw. **-là** (siehe unten):

	Maskulinum	Femininum
Singular	**celui-ci** *dieser hier*	**celle-ci** *diese hier*
	celui-là *dieser/jener dort*	**celle-là** *diese/jene dort*
Plural	**ceux-ci** *diese hier*	**celles-ci** *diese hier*
	ceux-là *diese/jene dort*	**celles-là** *diese/jene dort*

- Die neutrale Form von **celui** ist **ce** (oder **c'** vor Vokal). Sie wird vor einem Relativpronomen (**ce que/ce qui**) und im Ausdruck **c'est** *das ist* verwendet.
- Zwei Pronomen, die sich in Geschlecht und Zahl nicht ändern, sind **ceci** *dies* und **cela** (**ça**) *das*. **Cela n'est pas vrai.** *Das ist nicht wahr.*

1 Ordnen Sie jedes Substantiv dem passenden Demonstrativpronomen zu.

1. les chaussettes
2. le manteau
3. la robe
4. les jupes
5. le pyjama
6. les pantalons

a. ceux
b. celui
c. celles
d. celles
e. celui
f. celle

2 Übersetzen Sie die Sätze ins Französische.

Beispiel: Ich liebe diese Kleider, aber ich möchte jenes dort. → J'adore ces robes mais je veux celle-là.

a. Ich liebe diese Hüte, aber ich möchte jenen. → ....

b. Ich liebe diese Socken, aber ich möchte jene. → ....

c. Ich liebe diese Hemden, aber ich möchte jenes. → ....

d. Ich liebe diese Röcke, aber ich möchte jenen. → ....

e. Ich liebe diese Mützen, aber ich möchte jene. → ....

Possessivpronomen (Les pronoms possessifs)

- Auf Seite 30 haben Sie die Possessivadjektive **mon**, **ma**, **mes** *mein*, *-e*, **ton**, **ta**, **tes** *dein*, *-e*, **son**, **sa**, **ses** *sein*, *-e*, *ihr*, *-e* kennengelernt.
- Ein Possessivpronomen ersetzt ein Possessivadjektiv + Substantiv: **ma montre** *meine Uhr* → **la mienne** *(die) meine*. Es gleicht sich in Geschlecht und Zahl an das Substantiv, das es ersetzt, an: **mes montres** *meine Uhren* → **les miennes** *meine*.

Possessivpronomen	
le mien, la mienne les miens, les miennes	*meiner, -e, -s*
le tien, la tienne les tiens, les tiennes	deiner, -e, -s
le sien, la sienne les siens, les siennes	*seiner, -e, -s; ihrer, -e, -s*
le nôtre, la nôtre les nôtres	*unserer, -e, -es*
le vôtre, la vôtre, les vôtres	eurer, -e, -es; Ihrer, -e, -es
le leur, la leur les leurs	*ihrer, -e, -es*

Gegenstände im Klassenzimmer (Les objets de la classe)

un bâton de colle *[ba-toñ dö kOl]*	*Klebestift*
un bureau *[bü-ro▸]*	*Schreibtisch*
un cahier *[ka-je▸]*	*Schreibheft*
des ciseaux *[ßi-so▸]*	*Schere*
des crayons de couleur *[kre-joñ dö ku-lö▸r]*	*Buntstifte*
un crayon à papier *[kre-joñ a pa-pje▸]*	*Bleistift*
un feutre *[fö▸-tr(ö)]*	*Filzstift*
une gomme *[göm]*	*Radiergummi*
un livre *[li-wr(ö)]*	*Buch*
une règle *[rä▸-gl(ö)]*	*Lineal*
un stylo *[ßti-lo▸]*	*Stift*
un tableau *[ta-blo▸]*	*Tafel*
une trousse *[truß]*	*Federmäppchen*

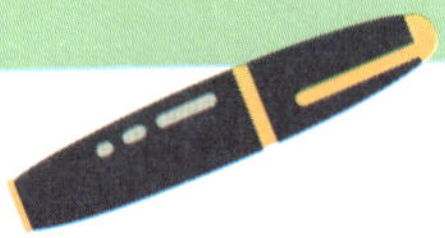

3 Ergänzen Sie die Gegenstände auf dem Schulranzen und das passende Possessivpronomen. (Achtung! Es gibt mehr Gegenstände als Sätze!)

a. C'est leur livre. = C'est ....

b. Ce sont ses stylos. = Ce sont ....

c. C'est votre règle. = C'est ....

d. C'est mon cahier. = C'est ....

e. C'est sa trousse. = C'est ....

f. Ce sont tes gommes. = Ce sont ....

4 Ergänzen Sie das passende Possessivpronomen.

Beispiel: Elles sont à qui ces chaussures ? (je) → Ce sont les miennes (les chaussures).
Wem gehören diese Schuhe? → Es sind meine.

a. Il est à qui ce stylo ? (nous) → C'est ....

b. Elle est à qui cette règle ? (tu) → C'est ....

c. Ils sont à qui ces crayons de couleur ? (vous) → Ce sont ....

d. Elles sont à qui ces gommes ? (je) → Ce sont ....

e. Il est à qui ce cahier ? (elle) → C'est ....

f. Elles sont à qui ces trousses ? (ils) → Ce sont ....

5 Ordnen Sie die Buchstaben der Gegenstände und zeichnen Sie sie dann.

a. nu nâotb ed lleoc = ...

....

b. nu eaaublt = ...

c. sde xiacseu = ...

d. nu ervil = ...

e. eun meomg = ...

Fragepronomen (Les pronoms interrogatifs)

- Dem Fragewort **Quel ?** *Welcher?* folgt ein Substantiv, an das sich das Fragewort in Geschlecht und Zahl angleicht: **Quel jour est-il ?** *Welcher Tag ist heute?*; **Quelle heure ?** *Wie viel Uhr [ist es]?*; **Quels livres ?** *Welche Bücher?*; **Quelles couleurs ?** *Welche Farben?*

	Singular	Plural
Maskulinum	**quel**	**quels**
Femininum	**quelle**	**quelles**

- Auch **Lequel ?** *Welcher?* muss sich an das Bezugswort angleichen.

	Singular	Plural
Maskulinum	**lequel**	**lesquels**
Femininum	**laquelle**	**lesquelles**

- Auf die Fragewörter **Que ?** *Was?* (oder **qu'** vor Vokal) und **Qui ?** *Wer?* folgt immer ein Verb: **Qui parle ?** *Wer spricht (da)?*

6 Ordnen Sie die Fragewörter dem passenden Satzabschluss zu.

1. Quel
2. Quelle
3. Quels
4. Quelles
5. Qui
6. Que

a. trousses ?
b. veux-tu ?
c. livre ?
d. aime les glaces ?
e. stylos ?
f. chambre ?

7 Ergänzen Sie die fehlenden Formen von quel und lequel.

	Singular	Plural
Maskulinum	**quel**	**a.** ....
Femininum	**b.**	**c.** ....

	Singular	Plural
Maskulinum	**lequel**	**d.** ....
Femininum	**e.**	**f.** ....

8 **Ergänzen Sie die Fragewörter aus dem Schaufenster. (Achtung! Es gibt mehr Fragewörter als Sätze!)**

Beispiel: Quelle robe aimes-tu ?

a. .... gâteau veux-tu ?

b. Regarde ces chaussures ! .... veux-tu ?

c. .... chapeaux aimes-tu ?

d. Regarde ces casquettes ! .... (Sing.) aimes-tu ?

e. .... jupe veux-tu ?

f. Regarde ces pantalons ! .... aimes-tu ?

Fantastique ! Die 10. Lektion ist geschafft! Bewerten Sie Ihre Übungsergebnisse, und tragen Sie sie hier und auch in der Punktetabelle auf Seite 127 ein.

11

Satztypen

(affirmativ, negativ, interrogativ)

Affirmative (bejahende) Aussagen (L'affirmative)

Das häufigste Muster in sog. affirmativen Sätzen lautet Subjekt + Verb + Objekt:

Je	**regarde**	**un film.**
Subjekt	Verb	Objekt

Schulfächer (*Les matières scolaires*)

les mathématiques *(Fem.)* [ma-te-ma-tik]	*Mathematik*
les sciences *(Fem.)* *[ßi-añß]*	*Wissenschaft*
la chimie *[schi-mi▸]*	*Chemie*
la géographie *[sch~e-o-gra-fi▸]*	*Geografie*
l'histoire *(Fem.) [iß-to-a▸r]*	*Geschichte*
la littérature *[li-te-ra-tü▸r]*	*Literatur*
le sport *[ßpOr]*	*Sport*
la musique *[mü-sik]*	*Musik*
le français *[frañ-ßä]*	*Französisch*
l'anglais *(Mask.) [añ-glä]*	*Englisch*
l'informatique *(Fem.) [äñ-fOr-ma-tik]*	*Informatik*
le dessin *[de-ßäñ]*	*Zeichnen*
le théâtre *[te-a-tr(ö)]*	*Theater*

1 Setzen Sie die einzelnen Satzteile in die richtige Tabellenspalte.

Beispiel: Je mange un gâteau.

a. Il travaille dans sa chambre.

b. Nous aimons jouer au football.

c. Elle aide sa mère.

d. Vous détestez les mathématiques.

e. Tu adores l'anglais.

	Subjekt	Verb	Objekt
	je	mange	un gâteau
a)			
b)			
c)			
d)			
e)			

2 Ordnen Sie die Satzteile, so dass affirmative Sätze entstehen.

Beispiel: suis / à Paris / je → Je suis à Paris.

a. embrasse / elle / ton cousin → ....

b. aimons / la robe bleue / nous → ....

c. à votre grand-père / vous / téléphonez → ....
....

d. les vacances / Loïc / en Australie / aime → ....
....

e. chaussures / Carole et Clothilde / les / choisissent / rouges → ....
....
....

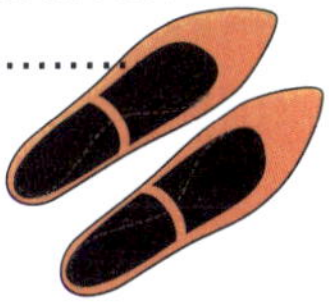

3 Übersetzen Sie die folgenden Schulfächer mit dem richtigen Artikel ins Französische.

a. Chemie ....

b. Informatik ....

c. Französisch ....

d. Sport ....

e. Geschichte ....

f. Zeichnen ....

Negative (verneinende) Aussagen (La négation)

Einige der häufigsten verneinenden Konstruktionen haben das Muster **ne** + Verb + …

- **pas** *[pa] nicht* → **Nous n'avons pas de* chien.** *Wir haben keinen Hund.*

* Nach den meisten Negativkonstruktionen benutzt man **de/d'** anstelle von **un**, **une**, **des**, **du**, **de la** oder **de l'**.

- **rien** *[ri-äñ]* nichts → **Je ne sais rien.** *Ich weiß nichts.*
- **plus** *[plü] nicht mehr* → **Solène ne joue plus.** *Solène spielt nicht mehr.*
- **aucun** *[o-käñ] kein/* **aucune** *[o-kü‣n] keine* → **Il n'a aucun ami.** *Er hat keinen Freund.*
- **jamais** *[sch~a-mä] (noch) nie* → **Je ne suis jamais allé en Belgique.** *Ich war (noch) nie in Belgien.*
- **ni … ni** … *[ni] weder … noch …* → **Elle n'aime ni les pommes ni les poires.** *Sie mag weder Äpfel noch Birnen.*

Achtung: **ne** wird vor Vokal oder stummem **h** zu **n'** → **Il n'habite pas à Lyon.** *Er wohnt nicht in Lyon.*

In der Vergangenheit, gebildet mit *haben* + Partizip Perfekt (s. S. 65), wird das Hilfsverb **avoir** *haben* verneint: **Il n'a jamais vu ce film.** *Er hat diesen Film (noch) nie gesehen.*

4 Trennen Sie die Wörter und ergänzen Sie die korrekten Satzzeichen.

a. Jenaimepaslespommesvertes ....

b. Ellesnesontjamaistristes..........

c. Carlosnaaucunfilmenanglais ....

d. LouisetSuzannenejouentplusaubasketball ....

....

e. Tunesnigrandnipetit ....

5 Übersetzen Sie die Sätze aus Übung 4 ins Deutsche.

a. ....

b. ....

c. ....

d. ....

....

e. ....

6 Ordnen Sie die Wörter und bilden Sie verneinende Sätze.

a. n' / pas / chocolat / Camille / aime / le ....

b. regarde / pas / la / Pascal / télé / ne ....

c. ai / bleu / aucun / je / chapeau / n' ....

d. mange / Ella / de / tomates / ne / jamais ....

e. ni / sœur / a / ni / n' / robe / jupe / ma ....

7 Übersetzen Sie die Sätze aus Übung 6 ins Deutsche.

a. ....

b. ....

c. ....

d. ....

e. ....

Fragesätze (L'interrogation)

Geschlossene Fragen (mit Ja-/Nein-Antworten)

- Häufig ist die Satzstellung in einer Frage dieselbe wie in einer Aussage. Subjekt und Verb können aber auch vertauscht werden.
  Tu es content ? oder **Es-tu content ?** *Bist du (Mask.) zufrieden?*
- Sind Subjekt und Verb vertauscht und endet das Verb auf einem Vokal, während das Subjekt mit einem Vokal (**il/elle/on**) beginnt, wird ein **t** eingefügt: **A-t-elle un chat ?** *Hat sie eine Katze?*
- Vor dem Subjekt kann auch **est-ce que** stehen: **Est-ce que tu es content ?** *Bist du (Mask.) zufrieden?*

8 Ordnen Sie die Wörter, so dass Fragen entstehen.

a. un / tu / chat / as .... ? oder .... ?

b. t / croissants / aime / les / elle .... ?

c. au / est / ils / tennis / qu' / ce / jouent .... ?

d. ce / tu / lire / que / aimes / est .... ?

e. habites / en / Italie / tu .... ? oder .... ?

Fragewörter *(Les mots interrogatifs)*

Que ?* *[kö]* **Quoi ?** *[ko-a]*	*Was?*
Qui ? *[ki]*	*Wer?*
Avec qui ? *[a-wäk ki]*	*Mit wem?*
Quel/quelle/quels/quelles ?** *[käl]*	*Welcher, -e, -es; welche?*
Quand ? *[kañ]*	*Wann?*
Où ? *[u▸]*	*Wo?*
Pourquoi ? *[pur-ko-a]*	*Warum?*
Comment ? *[ko-mañ]*	*Wie?*
Combien *[koñ-bjäñ]* **+ de ?**	*Wie viel, -e?*
Combien de temps ? *[koñ-bjäñ dö tañ]*	*Wie lange?*
À quelle heure ? *[a käl Ö▸r]*	*Um wie viel Uhr?*
Est-ce que...? *[ä-ßö-kö]*	*Ist es ...?*
Qu'est-ce que...? *[kä-ßö-kö]*	*Was ist ...?*

* **que → qu'** vor Vokal oder stummem **h**.

** **quel** + Mask. Sing. (**Quel film ?**) / **quelle** + Fem. Sing. (**Quelle fille ?**) / **quels** + Mask. Pl. (**Quels garçons ?**) / **quelles** + Fem. Pl. (**Quelles maisons ?**)

9 Ergänzen Sie das jeweils passende Fragewort. (Achtung! Es gibt mehr Fragewörter als Sätze!) Que – Comment – Pourquoi – Qui – Où – Quand – Quelle

a. .... viennent Lucas et Clémentine ?

b. .... manges-tu au petit déjeuner ?

c. .... chanson veux-tu *(Lied willst du)* écouter ?

d. .... est le livre sur les insectes ?

e. .... préfère un fruit ?

f. .... s'appelle-t-elle ?

10 Ordnen Sie die Fragen den Antworten zu.

1. Comment vas-tu ? •
2. Pourquoi vendent-ils leur maison ? •
3. À quelle heure le train arrive-t-il ? •
4. Avec qui Julien va-t-il au cinéma ? •
5. Combien de pantalons achètes-tu ? •
6. Où est Charlie ? •

• a. À 13 h 35. *(13.35 Uhr)*
• b. Avec Émilie.
• c. Cinq !
• d. Très bien, merci.
• e. Il est dans sa chambre.
• f. Parce qu'ils vont habiter à (wer in Paris wohnen) Paris.

11 Übersetzen Sie die Fragen ins Deutsche.

a. Qui est ce garçon ? ....

b. Pourquoi ne regarde-t-il pas ce film ? ....

c. Comment vas-tu chez Sylvain *(zu Sylvain)* demain ? ....

d. Quelle robe mets-tu pour aller à la fête *(die Party)* ? ....
....

e. Quand partez-vous *(fahrt ihr)* en vacances ? ....
....

f. Que mangeons-nous pour le déjeuner ? ....

12 Übersetzen Sie die Fragen ins Französische.

a. Was hörst du dir an? ....

b. Wohin geht Clarèle? ....

c. Wer ist sie? ....

d. Wann seht ihr euch den Film an? ....
....

e. Warum bist du traurig? ....

Génial ! Die 11. Lektion ist geschafft!
Bewerten Sie Ihre Übungsergebnisse,
und tragen Sie sie hier und auch in der
Punktetabelle auf Seite 127 ein.

12

Vergangenheit

(Infinitive, Partizipien der Vergangenheit, Perfekt)

Der Infinitiv (L'infinitif)

- Der Infinitiv ist die unkonjugierte Grundform des Verbs (*lieben*, *beenden*, *verkaufen* usw.) In einem Wörterbuch werden Verben im Infinitiv aufgeführt.
- Es gibt drei Infinitivgruppen. Jede verfügt über ein spezifisches Konjugationsmuster in den diversen Zeitformen. Die Infinitivendung gibt also Aufschluss darüber, welches Konjugationsmuster zu verwenden ist (zumindest für regelmäßige Verben).
    - 1. Gruppe: Endung -**er** (**aimer**)
    - 2. Gruppe: Endung -**ir** (**finir**)
    - 3. Gruppe: Endung -**re**/-**oir** (**vendre**, **voir**)
- Ein Infinitiv wird verneint, indem ihm **ne pas** vorangestellt wird: **ne pas manger** *nicht essen*.
- Treffen zwei Verben zusammen, wird das erste konjugiert, das zweite steht im Infinitiv: **Je vais aller à l'école.** *Ich werde zur Schule gehen.* (**aller** *gehen* kann auch zum Ausdruck der nahen Zukunft benutzt werden. Dazu später mehr.)
- Der Infinitiv wird mitunter auch für allgemeine Aussagen in der Gegenwart benutzt: **J'aime lire.** *Ich lese gerne.*

Das Präsens des unregelmäßigen Verbs gehen
(Le verbe irrégulier "aller" au présent)

aller *gehen*	
je vais *[sch~Ö wä]*	*ich gehe*
tu vas *[tü wa]*	*du gehst*
il/elle va *[il/äl wa]*	*er/sie/es geht*
nous allons *[nu‣ sa-loñ]*	*wir gehen*
vous allez *[wu‣ sa-le‣]*	*ihr geht/Sie gehen*
ils/elles vont *[il/äl woñ]*	*sie gehen*

1 Ergänzen Sie die korrekte Form des Verbs aller.

a. Nous ________________ à la piscine *(das Schwimmbad)* samedi.

b. ________________ -vous chez Coraline demain matin ?

c. Elles ________________ manger des gâteaux avec Sofiane.

d. Je ________________ faire mes devoirs *(Hausaufgaben)* dans le salon.

e. ________________ -tu acheter le livre de Marc Levy ?

2 Geben Sie die Infinitivform der unterstrichenen Verben an.

a. Ingrid <u>regarde</u> la télévision. → ....

b. Nous <u>avons donné</u> un biscuit à Antoine. → ....

c. J'<u>ai fini</u> les pommes et les bananes. → ....

d. Ils <u>sont descendus</u> dans la cave *(der Keller)*. → ....

e. Vous <u>remplissez</u> les verres de jus d'orange. → ....

f. Astrid <u>a répondu</u> à la lettre de Corentin. → ....

3 Kreuzen Sie bei jedem Verb an, ob es zur 1., 2. oder 3. Verbgruppe gehört.

	1st Gruppe	2nd Gruppe	3rd Gruppe
chanter			
apprendre			
définir			
boire			
vendre			
répondre			
nourrir			
savoir			
entendre			
ranger			
pouvoir			

4 Übersetzen Sie die Infinitive ins Französische, und geben Sie die jeweilige Verbgruppe an.

Beispiel: singen → chanter (1)

a. lernen → .... (.......)

b. lesen → .... (.......)

c. essen → .... (.......)

d. kommen → .... (.......)

e. aufstehen → .... (.......)

f. hoffen → .... (.......)

g. machen, tun → .... (.......)

Partizipien der Vergangenheit (*Les participes passés*)

- Ein Partizip der Vergangenheit beginnt im Deutschen meist mit ge-, be-, er-, ver- usw. und wird zur Bildung der Vergangenheit mit einem Hilfsverb kombiniert: hat gefragt, ist gegangen, hat erkannt, ist verhungert. Im Französischen wird die Infinitivendung gemäß der jeweiligen Verbgruppe durch die entsprechende Partizipendung ersetzt.
- Partizipien können außer in Zeitformen (**j'ai vu** *ich habe gesehen*) auch Adjektiv sein: **Je suis fatigué/fatiguée**. *Ich bin müde.* (Mask./Fem.)
- Regelmäßige Partizipien werden wie folgt gebildet:

	Infinitiv	Endung	entfällt	ergänzt	Partizip d. Vergangenheit
1st Gruppe	**aimer**	**-er**	**er**	**é**	**aimé** *geliebt*
2nd Gruppe	**finir**	**-ir**	**ir**	**i**	**fini** *beendet*
3rd Gruppe	**vendre**	**-re**	**re**	**u**	**vendu** *verkauft*

- Einige Verben, wie z. B. **aller** und **faire**, sind unregelmäßig.

Das unregelmäßige Verb machen, tun (*Le verbe irrégulier "faire"*)

Präsens (faire *machen, tun***)**		**Zusammengesetzte Vergangenheit**
je fais *[sch~ö fä]*	*ich mache/tue*	**j'ai fait** *ich habe gemacht/getan*
tu fais *[tü fä]*	*du machst/tust*	**tu as fait** *du hast gemacht/getan*
il/elle fait *[il/äl fä]*	*er/sie/es macht/tut*	**il/elle a fait** *er/sie/es hat gemacht/getan*
nous faisons *[nu‣ fö-soñ]*	*wir machen/tun*	**nous avons fait** *wir haben gemacht/getan*
vous faites *[wu fät]*	*ihr macht/tut; Sie machen/tun*	**vous avez fait** *ihr habt gemacht/getan; Sie haben gemacht/getan*
ils/elles font *[il/äl foñ]*	*sie machen/tun*	**ils/elles ont fait** *sie haben gemacht/getan*

5 Ergänzen Sie für jedes Verb die Infinitivform und das Partizip der Vergangenheit.

Präsens	Infinitiv	Partizip
Elle déteste les oranges.		
Nous perdons toujours nos clés *(Schlüssel)*.		
Karine lit des livres de science-fiction.		
Nous finissons nos devoirs.		
Aimes-tu les crêpes ?		
Lucien réussit ses examens.		

6 Ordnen Sie die Buchstaben der Verben im Perfekt, und übersetzen Sie sie.
E.g. i'aj arépl → j'ai parlé → Ich habe gesprochen

a. UT SA UETANTD → .... → ....

b. uson snoav érregad → .... → ....

c. UOVS ZEAV NUEVD → .... → ....

d. Isi tno âitb → .... → ....

e. IAJ' PRNDUÉO → .... → ....

f. Ilee a itaf → .... → ....

Perfekt (Le passé composé)

Das Perfekt wird für abgeschlossene Handlungen oder Ereignisse benutzt, die in der Vergangenheit zu einem bestimmten Zeitpunkt stattgefunden haben. Es wird mit dem Hilfsverb **avoir** in seinen Präsensformen + Partizip Perfekt des Hauptverbs gebildet (s. Beispiel **faire** Seite 64): **Il a plu vendredi dernier.** *Letzten Freitag hat es geregnet.* Bei bestimmten Hauptverben muss das Perfekt allerdings mit dem Hilfsverb **être** gebildet werden.

Verben, die das Perfekt mit être bilden

- Bei der Perfektbildung von Verben, die **être** als Hilfsverb verwenden, muss sich das Partizip an das Satzsubjekt angleichen: **Ils sont rentrés hier.** *Sie sind gestern zurückgekommen.*
- Verben, die das Hilfsverb **être** benötigen, sind reflexive Verben und Verben der Bewegung. Französischlerner können sich anhand des Merkwortes **Dr. & Mrs. P. Vandertramp** eine Eselsbrücke bauen:

devenir *werden* **(devenu)**, **revenir** *zurückkommen* **(revenu)**, **monter** *hinaufgehen* **(monté)**, **retourner** *zurückkehren* **(retourné)**, **sortir** *hinausgehen, verlassen* **(sorti)**, **passer** *vorbeigehen, vorbeifahren* **(passé)**, **venir** *kommen* **(venu)**, **arriver** *ankommen* **(arrivé)**, **naître** *geboren werden* **(né)**, **descendre** *hinuntergehen* **(descendu)**, **entrer** *eintreten* **(entré)**, **rester** *bleiben* **(resté)**, **tomber** *fallen* **(tombé)**, **rentrer** *zurückkommen* **(rentré)**, **aller** *gehen* **(allé)**, **mourir** *sterben* **(mort)**, **partir** *weggehen* **(parti)**

Angleichung mit *sein* und *haben* (L'accord avec être et avoir)

Sie wissen, dass das Perfekt mit einem konjugierten Hilfsverb + Partizip der Vergangenheit gebildet wird: **Il a réservé une chambre.** *Er hat ein Zimmer reserviert.* In bestimmten Fällen ändert das Partizip seine Form:

- Wird **avoir** als Hilfsverb verwendet, passt sich das Partizip nur dann an das Akkusativobjekt an, wenn dieses vor dem Verb steht: **J'ai envoyé la lettre hier.** → **Je l'ai envoyée hier.** Andernfalls ändert das Partizip seine Form nicht.
- Mit **être** gleicht sich das Partizip in Geschlecht und Zahl an das Subjekt an: **Elle est allée au théâtre.** → **Elles sont allées au théâtre.**

7 Markieren Sie die korrekte Form des Partizips.

a. Elles ont **jeté / jetés / jetées** les papiers.

b. Nous avons **envoyé / envoyés / envoyées** une lettre à Carla.

c. Ils sont **resté / restés / restées** chez *(bei)* Jean-Paul.

d. Tu as **lu / lus / lues** tous les livres.

e. Elle est **tombé / tombée / tombées** dans les escaliers *(die Treppe)*.

f. Vous avez **espéré / espérés / espérées** voir vos amies.

8 Ergänzen Sie das passende Hilfsverb (avoir oder être) in der entsprechenden Perfektform.

a. Je .... montée dans la chambre.

b. Nous .... aimé ce restaurant.

c. Elles .... entrées dans l'école.

d. Tu .... appelé ton grand-père ?

e. Il .... voulu aller en Australie.

f. Nous .... arrivés à 10 h 30.

9 Ergänzen Sie die korrekte Verbform im Perfekt.

a. Nous (FINIR) .... une nouvelle leçon.

b. Elle (vouloir) .... rentrer à la maison.

c. Vous (faire) .... vos lits ?

d. Elle (aller) .... à la banque avec sa mère.

e. Ils (PARTIR) .... très tôt *(sehr früh)* ce matin.

f. J' (vendre) .... mon pull *(Pullover)* jaune.

Unregelmäßige Partizipien (Participes passés irréguliers)

Die meisten unregelmäßigen Verben haben ein unregelmäßiges Partizip. Die Endungen folgen bestimmten Mustern:

- Partizipendung **-u**: **boire → bu** *getrunken*, **croire → cru** *geglaubt*, **pouvoir → pu** *gekonnt*, **savoir → su** *gewusst*
- Partizipendung **-is**: **mettre → mis** *gestellt*, **prendre → pris** *genommen*
- Partizipendung **-t**: **dire → dit** *gesagt*, **écrire → écrit** *geschrieben*
- alle weiteren: z. B. **être → été** *gewesen*, **faire → fait** *gemacht/getan*, **offrir → offert** *angeboten*.

Weitere Verben *(Verbes supplémentaires)*

comprendre *[koñ-prañ-dr(ö)]*	*verstehen*
écrire *[e-kri‣r]*	*schreiben*
offrir *[O-fri‣r]*	*anbieten*
savoir *[ßa-wo-ar]*	*wissen*
voir *[wo-ar]*	*sehen*

10 Ergänzen Sie die passende Partizipform.

a. J'ai (comprendre) .... la leçon de maths !

b. Nous avons (boire) .... beaucoup d'eau hier *(gestern)*.

c. Sophia et Amina ont (lire) .... tous les livres de la bibliothèque *(Bibliothek)*.

d. As-tu (faire) .... tes devoirs ?

e. Karine a (pouvoir) .... rentrer avant 21 h.

f. Rose a (écrire) .... une longue lettre à son amie.

Impeccable ! Die 12. Lektion ist geschafft! Bewerten Sie Ihre Übungsergebnisse, und tragen Sie sie hier und auch in der Punktetabelle auf Seite 127 ein.

Über die Zeit und das Wetter sprechen

(Präpositionen und Adverbien)

Präpositionen mit Jahreszeiten *(Les prépositions avec les saisons)*

Beachten Sie den Unterschied zwischen **Je vais à la plage en été**. *Ich gehe im Sommer an den Strand.* und **Les oiseaux chantent au printemps.** *Die Vögel singen im Frühling.*

en	au
en été **en hiver** **en automne**	**au printemps**

Die Jahreszeiten *(Les saisons)*

le printemps *[präñ-tañ]*	*Frühling*
l'été *[e-te▸]*	*Sommer*
l'automne *[o-tOn]*	*Herbst*
l'hiver *[i-wä▸r]*	*Winter*

Die Jahreszeiten sind im Französischen männlich. Wie im Kasten links zu sehen, wird mit den Jahreszeiten die Präposition **en** benutzt, mit Ausnahme von **printemps** *Frühling*; dort heißt es **au**.

1 Übersetzen Sie die Sätze ins Französische.

a. Im Sommer gehe ich nicht zur Schule. → ....

b. Loïc fährt im Herbst nach Portugal. → ....

c. Weihnachten ist im Winter. → ....

d. Cora isst im Frühling gerne Eiscreme (des glaces). → ....

Das Wetter *(Le temps)*

Wetter und *Zeit* heißen beide **le temps**. Beschreibt man das Wetter, benutzt man meist das Verb **faire** *machen*: **Il fait mauvais**. *Das Wetter ist schlecht.* Mit Substantiven wie **neige** *Schnee*, **pluie** *Regen*, **vent** *Wind* benutzt man **il y a** *es gibt*: **Il y a du vent.** *Es ist windig.* **Il y a de la neige.** *Es gibt Schnee.* Hier sind einige nützliche Ausdrücke für Gespräche über das Wetter.

Quel temps fait-il?	*Wie ist das Wetter?*
Il fait beau.	*Das Wetter ist schön.*
Il fait/Il y a du vent.	*Es ist windig.*
Il fait mauvais.	*Das Wetter ist schlecht.*
Il fait froid.	*Es ist kalt.*
Il fait chaud.	*Es ist heiß.*

Il gèle. *[il sch~äl]*	*Es friert.*
Il neige. *[il näsch~]*	*Es schneit.*
Il pleut. *[il plö‣]*	*Es regnet.*
l'éclair (m.) *[le-klä‣r]*	*Blitz*
la neige *[la nä‣sch~]*	*Schnee*
les nuages (m.) *[le nü-a‣sch~]*	*Wolken*
l'orage (m.) *[lo-ra‣sch~]*	*Sturm*
la pluie *[la plüi]*	*Regen*
le soleil *[lÖ ßo-läi]*	*Sonne*
le vent *[lÖ wañ]*	*Wind*

2 Ordnen Sie den Wetterbegriffen die korrekte Verbkonstruktion zu.

IL Y A

IL FAIT

A. ... MAUVAIS
B. ... DU SOLEIL
C. ... DU VENT
D. ... BEAU
E. ... CHAUD
F. ... DE LA PLUIE
G. ... FROID
H. ... DES NUAGES

3 Beschreiben Sie die abgebildeten Wetterlagen.

a. → ....

b. → ....

c. → ....

d. → ....

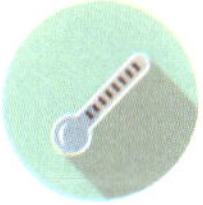
e. → ....

Präpositionen der Zeit
(Les prépositions de temps)

Über einen Zeitpunkt/eine Zeitdauer sprechen	
à *[a]*	*um*
après *[a-prä]*	*nach* (+ Ereignis)
avant *[a-wañ]*	*vor* (+ Ereignis)
dans *[dañ]*	*in* (+ Zeitdauer)
de... à... *[dö ... a ...]*	*von ... bis ...*
depuis *[dö-püi]*	*seit*
en *[añ]*	*in, innerhalb* (einem Zeitraum von) / *im Jahr*
entre *[añ-tr(ö)]*	*zwischen*
jusqu'à *[sch~üß-ka]*	*bis*
pendant *[pañ-dañ]*	*während*
vers *[wä▸r]*	*etwa um/gegen* (+ Uhrzeit)

4 Ergänzen Sie die korrekten Präpositionen der Zeit.

a. J'arrive à l'école .... 8 h.

b. .... 9 h .... 10 h, j'ai un cours *(Kurs)* de géographie.

c. Je vais à la cantine *(Cafeteria)* .... la pause déjeuner *(Mittagspause)*.

d. .... la pause déjeuner et la fin *(das Ende)* des cours, nous avons anglais et chimie.

e. J'ai des cours .... 16 h.

5 Übersetzen Sie die Sätze ins Deutsche.

a. Je me couche vers 22 h. ➜ ....

b. Je te téléphone dans 10 minutes. ➜ ....

c. Je rentre à la maison avant midi. ➜ ....

d. Je fais mes devoirs après le dîner. ➜ ....

e. Je suis à la piscine depuis ce matin. ➜ ....

Die Monate *(Les mois)*

janvier *[sch~añ-wje▸]*	*Januar*
février *[fe-wri-e▸]*	*Februar*
mars *[marß]*	*März*
avril *[a-wril]*	*April*
mai *[mä]*	*Mai*
juin *[sch~ü-äñ]*	*Juni*
juillet *[sch~üi-jä]*	*Juli*

août *[ut]*	*August*
septembre *[ßäp-tañ-br(ö)]*	*September*
octobre *[Ok-tO-br(ö)]*	*Oktober*
novembre *[no-wañ-br(ö)]*	*November*
décembre *[de-ßañ-br(ö)]*	*Dezember*

Die Monate sind wie im Deutschen männlich. Meist wird mit ihnen die Präposition **en** *im* verwendet. Anders als im Deutschen werden sie nicht großgeschrieben: **en janvier** *im Januar.*

6 Ordnen Sie die Buchstaben der Monatsnamen.

a. tmeeepbsr = ...

b. rriéefv = ...

c. ultjiel = ...

d. inuj = ...

e. rdmecéeb = ...

f. rniejva = ...

Wochentage (Les jours de la semaine)

lundi *[läñ-di]*	*Montag*
mardi *[mar-di]*	*Dienstag*
mercredi *[mär-krö-di]*	*Mittwoch*
jeudi *[sch~ö-di]*	*Donnerstag*
vendredi *[wañ-drö-di]*	*Freitag*
samedi *[ßam-di]*	*Samstag*
dimanche *[di-mañsch]*	*Sonntag*

Alle Wochentage sind männlich und werden kleingeschrieben. Sie werden in den meisten Fällen nicht mit einer Präposition benutzt (siehe Kasten rechts).

Mehr zu den Wochentagen (Les jours de la semaine)

- Die Präposition *am* wird mit Wochentagen nicht verwendet: **Je pars en vacances lundi.** *Ich fahre [am] Montag in die Ferien.*
- Geschieht etwas regelmäßig an einem bestimmten Wochentag, benutzt man den bestimmten Artikel **le** + den Wochentag (in der Einzahl): **Je vais à la piscine le lundi.** *Montags gehe ich [immer] ins Schwimmbad.*
- Die Frage nach dem aktuellen Datum lautet **Quelle est la date aujourd'hui ?** *Der Wievielte ist heute?*
- Das Datum wird mit einer Kardinalzahl + Monat angegeben (Vorsicht beim Verb! Siehe unten): **Aujourd'hui, nous sommes le 25 octobre.** *Heute ist ("wir sind") der 25. ("25") Oktober.*
- Für den Monatsersten wird die Ordinalzahl verwendet: **le 1er (le premier)** *der 1.*: **le 1er janvier.**

7 Schreiben Sie die Datumsangaben aus (siehe Beispiel).

Beispiel: 12.10.2008 → **Aujourd'hui, nous sommes le 12 octobre 2008.**

a. 02.02.2012 → ....

b. 05.09.2010 → ....

c. 29.04.2005 → ....

d. 01.08.2003 → ....

e. 15.06.2013 → ....

8 Übersetzen Sie die Sätze ins Französische.

a. Ich gehe samstags nicht zur Schule. → ....

b. Ich gehe am Sonntag ins Kino. → ....

c. Dienstags habe ich Erdkunde. → ....

d. Mittwochs gehe ich zu meinen Großeltern. → ....

e. Sie geht am Freitag zum Zahnarzt. → ....

Adverbien der Häufigkeit (Les adverbes de fréquence)

Adverbien, die aussagen, wie oft etwas getan wird, stehen meist direkt hinter dem Verb. Wird eine bestimmte Handlung nie ausgeführt, benutzt man **ne ... jamais ...** *nie(mals)*: **Je ne vais jamais au cinéma.** *Ich gehe nie ins Kino.* **Je n'ai jamais mangé de tomates.** *Ich habe nie Tomaten gegessen.*

Adverbien der Häufigkeit *(Les adverbes de fréquence)*

Häufigkeit ausdrücken	
jamais *[sch~a-mä]*	*nie(mals)*
rarement *[rar-mañ]*	*selten; kaum*
quelquefois *[käl-kö-foa]* **parfois** *[par-foa]*	*manchmal*
de temps en temps *[dö tañ sañ tañ]*	*von Zeit zu Zeit; ab und zu*
généralement *[sch~e-ne-ral-mañ]*	*im Allgemeinen; normalerweise*
souvent *[ßu-wañ]*	*oft*
toujours *[tu-sch~u›r]*	*immer*

9 Markieren Sie für jeden Kontext das passende Adverb.

a. Un coiffeur travaille **rarement / souvent** debout *(im Stehen)*.

b. Un chanteur travaille **quelquefois / souvent** le soir.

c. Un professeur travaille **rarement / généralement** après les cours *(Unterricht)*.

d. Un boulanger travaille **quelquefois / toujours** très tôt le matin.

e. Une infirmière travaille **quelquefois / généralement** de longues heures.

10 Konjugieren Sie die Verben im Präsens mit *ne .... jamais ...*

Beispiel: Elle (regarder) **ne regarde jamais** la télé.

a. Ils (téléphoner) .... à leurs cousins.
b. Nous (écouter) .... de musique classique.
c. Vous (finir) .... vos pâtes !
d. Tu (entendre) .... les questions du professeur.
e. Je (perdre) .... mes clés.

Die Zeitdauer *(Les durées)*

Die männlichen Begriffe **l'an** *Jahr*, **le jour** *Tag*, **le matin** *Morgen* und **le soir** *Abend* bezeichnen einen festen Zeitpunkt. Die entsprechenden weiblichen Begriffe **l'année**, **la journée**, **la matinée** und **la soirée** beziehen sich auf die Zeitdauer und betonen eher die Länge des Zeitraums.

Zeitbestimmungen *(Les indicateurs temporels)*

"Wann?" und "Wie lange?"	
un an *[añ]* **/ une année** *[a-ne‣]*	*Jahr*
aujourd'hui *[o-sch~ur-düi]*	*heute*
demain *[dö-mäñ]*	*morgen*
dernier *[där-nje‣]* **/ dernière** *[där-njä‣r]*	*letzter, -e, -es*
hier *[i-ä‣r]*	*gestern*
un jour *[sch~ur]* **/ une journée** *[sch~ur-ne‣]*	*Tag*
maintenant *[mäñ-tö-nañ]*	*jetzt, nun*
un matin *[ma-täñ]* **/ une matinée** *[ma-ti-ne‣]*	*Morgen, Vormittag*
midi *[mi-di]*	*Mittag*
un mois *[moa]*	*Monat*
prochain *[pro-schäñ]* **/ prochaine** *[pro-schä‣n]*	*nächster, -e, -es*
une semaine *[ßö-mä‣n]*	*Woche*
un soir *[ßoar]* **/ une soirée** *[ßoa-re‣]*	*Abend*

11 Ergänzen Sie die passenden Zeitbestimmungen.

hier - prochaine - aujourd'hui - matin - maintenant - soir

a. Nous allons au restaurant ce .... à 19 h.
b. ...., je ne vais pas à l'école : c'est dimanche !
c. Mets tes chaussures et ton manteau ! Nous partons .... !
d. Nous partons en vacances la semaine ....
e. Ils sont allés au musée ....
f. Il a un cours de biologie le lundi .... de 9 h à 10 h.

Merveilleux ! Die 13. Lektion ist geschafft! Bewerten Sie Ihre Übungsergebnisse, und tragen Sie sie hier und auch in der Punktetabelle auf Seite 127 ein.

14

Ortsangaben

(Präpositionen und Adverbien des Ortes)

Präpositionen und Adverbien des Ortes (Les prépositions et les adverbes de lieu)

Präpositionen (z. B. **à** *in*, *nach*, *zu*, **dans** *in*, **sur** *auf*) werden in der Regel einem Substantiv oder Pronomen vorangestellt und sagen etwas über deren Beziehung zu anderen Wörtern aus. Sie beschreiben z. B., wo jemand/etwas ist: **Il est derrière la maison.** *Er ist hinter dem Haus.*

- Zu den Präpositionalkonstruktionen zählen auch **à côté de** *neben*, **en dessous de** *unter*.
- Ein Adverb ist ein Wort/eine Wortgruppe, das/die ein Adjektiv, ein Verb oder ein anderes Adverb modifiziert und so die Art und Weise, den Ort, die Zeit oder den Grad ausdrückt: **Elle mange vite.** *Sie isst schnell.*
- Einige Präpositionen können als Adverbien verwendet werden: **Je l'ai rangé dessous.** *Ich habe es darunter eingeräumt.*

Präpositionen und Adverbien des Ortes ***(Les prépositions et les adverbes de lieu)***

Präpositionen	Adverbien	
dans *[dañ]*, **en** *[añ]*	**dedans** *[dö-dañ]*	*in, drinnen*
sur *[ßür]*, **au-dessus de*** *[o dö-ßü dö]*	**dessus, au-dessus**	*auf, über, darüber*
sous *[ßu]*, **en dessous de*** *[añ dö-ßu dö]*	**dessous, en dessous**	*unter, unten, darunter*
à côté de* *[a ko-te› dö]*	**à côté**	*neben, nebenan*
devant *[dö-wañ]*	**devant**	*vor, davor*
derrière *[dä-ri-jä›r]*	**derrière, à l'arrière**	*hinter, hinten*
entre *[añ-tr(ö)]*	-	*zwischen*
parmi *[par-mi›]*	-	*(mitten) unter, zwischen*
contre *[kOñ-tr(ö)]*	**contre**	*gegen*

Präpositionen	Adverbien	
près de* *[prä dö]*	**(tout** *[tu]*) **près**	*in der Nähe von/ [ganz] nah*
loin de* *[lo-äñ dö]*	**loin**	*weit, weit weg von*
en face de* *[añ faß dö]*	**en face**	*gegenüber*
au milieu de* *[o mil-jö› dö]*	**au milieu**	*in der Mitte (von), inmitten*
à droite de* *[a droat dö]*	**à droite**	*rechts (von)*
à gauche de* *[a go›sch dö]*	**à gauche**	*links (von)*
en bas de* *[añ ba dö]*	**en bas**	*unter, unten*
en haut de* *[añ o dö]*	**en haut**	*über, oben*
vers *[wä›r]*	-	*nach, in Richtung auf*

* Folgt hierauf ein männliches Substantiv, wird **du** verwendet (niemals **de le**).

1 Ergänzen Sie die passenden Ortspräpositionen.

sous - dans - sur - entre - devant - loin de

a. Les toilettes sont .... la chambre et la cuisine.

b. Ton manteau est .... le garage.

c. Le cinéma est très .... notre maison ! Nous devons y aller en voiture *(Auto)*.

d. La pizza est .... la table de la cuisine.

e. Le chien se cache *(versteckt sich)* .... le lit de mes parents.

f. Claire est dans le canapé, ... la télévision.

2 Übersetzen Sie die Sätze aus Übung 1 ins Deutsche.

a. ....

b. ....

c. ....

d. ....

e. ....

f. ....

3 Ergänzen Sie die Sätze anhand der jeweiligen Abbildung.

a. Le chat est .... le carton.

b. Le chat est .... le carton.

c. Le chat est .... le carton.

d. Le chat est .... le carton.

e. Le chat est .... le carton.

f. Le chat est .... deux cartons.

g. Le chat est .... du carton.

h. Le chat est .... du carton.

4 Markieren Sie je nach Kontext die korrekte Präposition bzw. das korrekte Adverb.

a. – Où est ma chemise ? – Elle est **dans / dedans** le sac.

b. Regarde ! Sophie est **côté / à côté** de Florian !

c. – Où est la voiture ? – Elle est là : regarde, **à gauche / à gauche de**.

d. – Les clés sont-elles dans le sac ? – Non, elles sont **en dessous / en dessous de**.

e. La pharmacie est **en face / en face de** la boulangerie.

f. Le parc est **au milieu / au milieu de** la ville.

Präpositionen bei geografischen Namen (*Les prépositions avec noms géographiques*)

Wie alle Nomen haben auch Städte, Länder, Kontinente und andere geografische Orte ein Geschlecht, das über die mit dem Namen zu verwendende Präposition bestimmt. Im Allgemeinen sind Ortsnamen auf **-e** weiblich (Präposition **en**), manche sind männlich (Präposition **au**, es sei denn, sie beginnen mit einem Vokal). Es gibt jedoch Ausnahmen, die Sie einfach lernen müssen!

Großstädte (und bestimmte Inseln)	**à**	*nach, in*	**Paris** **Barcelone** **Londres**
Länder im Maskulinum, beginnend mit Konsonant	**au**		**Japon** **Portugal**
Länder im Femininum, Kontinente und Länder im Maskulinum, beginnend mit Vokal	**en**		**Europe** **Asie** **Suède** **Afrique**
Länder im Plural	**aux**		**États-Unis**

5 Ergänzen Sie à, au, en oder aux.

a. Je vais .... Milan la semaine prochaine *(nächste Woche)*.

b. Corentin est .... Australie en ce moment *(zurzeit)*.

c. Le cousin d'Edwige habite .... Canada.

d. Julien est parti .... États-Unis ce matin *(heute Morgen)*.

e. Sophie rêve d'aller *(träumt von einer Reise)* .... Chine.

f. La tour Eiffel se situe .... Paris.

6 Bilden Sie, wie im Beispiel gezeigt, vollständige Sätze aus den angegebenen Elementen.

Beispiel: Line / Asker / Norvège → Line habite à Asker, en Norvège.

a. Aiko / Nagoya / Japon ....

b. Elvis / Tupelo / États-Unis ....

c. Myriam / Boismorand / France ....

d. Marco / Cascais / Portugal ....

e. Chloé / Bruges / Belgique ....

f. Louis / Québec / Canada ....

à und chez

- Die Präposition **chez** *bei* wird für Orte verwendet, die mit einer bestimmten Person verbunden sind: **Il est chez Mariette.** *Er ist bei Mariette.* **Il va chez Mariette.** *Er geht zu Mariette.*
- Mit **à** *in, nach, zu* bezieht man sich allgemeiner auf einen Ort. **Je vais à l'école.** *Ich gehe in die Schule.*

à + Ort (à + **le** = **au**, à + **les** = **aux**)	**à l'école** **à la piscine** **au restaurant** **aux urgences** *(Notaufnahme)*
chez + Person	**chez Christophe** **chez mes parents** **chez le dentiste**

Orte in der Stadt *(Lieux dans la ville)*

l'aéroport *[a-e-ro-pO›r]*	*Flughafen*
la banque *[bañk]*	*Bank*
la bibliothèque *[bi-bli-o-täk]*	*Bibliothek*
la boulangerie *[bu-lañ-sch~ö-ri]*	*Bäckerei*
le cinéma *[ßi-ne-ma]*	*Kino*
le dentiste *[dañ-tißt]*	*Zahnarzt*
l'église *[e-gli›s]*	*Kirche*
la gare *[ga›r]*	*Bahnhof*
l'hôpital *[o-pi-tal]*	*Krankenhaus*
l'hôtel *[o-täl]*	*Hotel*
la librairie *[li-brä-ri]*	*Buchhandlung*

le magasin *[ma-ga-säñ]*	*Geschäft, Laden*
le marché *[mar-sche›]*	*Markt*
le médecin *[med-ßäñ]*/ **le docteur** *[dok-tö›r]*	*Arzt*
le musée *[mü-se›]*	*Museum*
la pâtisserie *[pa-tiß-ri]*	*Konditorei*
la pharmacie *[far-ma-ßi]*	*Apotheke*
la piscine *[pi-ßi›n]*	*Schwimmbad*
la place *[plaß]*	*Platz*
la poste *[pOßt]*	*Postamt*
le théâtre *[te-a-tr(ö)]*	*Theater*
les urgences *[ür-sch~añß]*	*Notaufnahme*

7 Übersetzen Sie die Sätze ins Deutsche.

a. Corinne est à la maison. ....

b. Carlos va chez Paul samedi. ....

c. Oh, non ! Mon sac est chez ta grand-mère ! ....
....

d. Les enfants jouent au parc. ....

e. Éloïse est à l'hôpital ! ....

8 Markieren Sie die korrekte Präposition.

a. Je suis arrivé **à l' / à la / au / chez** école à 9 h.

b. Tu vas **à l' / à la / au / chez** piscine demain *(morgen)* ?

c. Éric est allé **à l' / à la / au / chez** Caroline dimanche.

d. Luc est arrivé **à l' / à la / au / chez** musée à 17 h.

e. Maman a rendez-vous *(einen Termin)* **à l' / à la / au / chez** le docteur mardi.

f. Charles va **à l' / à la / au / chez** mer *(Meer, Fem.)* en vacances.

9 Ordnen Sie die Buchstaben der Orte, schreiben Sie sie auf, und ergänzen Sie den bestimmten Artikel.

Beispiel: oepst → poste → la poste

a. mhaaeiprc → .... → ....

b. reugesnc → .... → ....

c. sneidtte → .... → ....

d. éeislg → .... → ....

e. ièbbtiuholeq → .... → ....

f. plaôhit → .... → ....

"Nach/zu" und "aus/von" *(à et de)*

- Wenn Sie an einen Ort gehen (oder sich dort befinden), verwenden Sie **à: Je vais à la gare.** *Ich fahre zum Bahnhof.* **Je suis à Madrid.** *Ich bin in Madrid.*
- Für die Angabe eines Ausgangspunktes oder einer Herkunft benutzen Sie **de: Je viens de la pharmacie.** *Ich komme aus der Apotheke.* **Je suis de Paris.** *Ich komme aus Paris.*

10 Ordnen Sie die Satzanfänge den passenden Satzabschlüssen zu.

1) Je vais

2) JE VIENS

a) à la bibliothèque.

b) aux urgences.

c) du cinema.

d) de la poste.

e) au théâtre.

f) du musée.

g) de Sydney.

h) à la gare.

Bravo! Die 14. Lektion ist geschafft! Bewerten Sie Ihre Übungsergebnisse, und tragen Sie sie hier und auch in der Punktetabelle auf Seite 127 ein.

15

Befehle und Aufforderungen

Der Imperativ (L'impératif)

- Die Verbform des Imperativs wird für Befehle und Aufforderungen benutzt.
- Befehle und Aufforderungen richten sich stets an eine Person (**tu** *du*; **vous** *Sie* (Sing.)) oder mehrere Personen (**vous** *ihr*; *Sie* (Pl.)). Es existiert auch ein Imperativ für **nous** *wir*, der eher einen Vorschlag ausdrückt: *Lasst uns ...!*
- Der Imperativ hat dieselbe Konjugation wie das Präsens, aber wie im Deutschen wird das Verb ohne Subjektpronomen (**tu**, **nous**, **vous**) verwendet.

Imperativ mit **tu**	**Prends le livre !**	*Nimm das Buch!*
Imperativ mit **nous**	**Prenons le livre !**	*Lasst uns das Buch nehmen!*
Imperativ mit **vous**	**Prenez le livre !**	*Nehmt/Nehmen Sie das Buch!*

- Bei Verben auf **-er** entfällt in der 2. Person Singular **(tu)** das **-s** am Ende: **Chante !** *Sing!*; **Ne chante pas !** *Sing nicht!*
- Einige gebräuchliche Verben sind im Imperativ unregelmäßig:

	avoir *haben*	**être** *sein*	**savoir** *wissen*	**vouloir*** *wollen/möchten*
Imperativ mit **tu**	**aie**	**sois**	**sache**	**veuille**
Imperativ mit **nous**	**ayons**	**soyons**	**sachons**	**veuillons**
Imperativ mit **vous**	**ayez**	**soyez**	**sachez**	**veuillez**

*Der Imperativ von **vouloir** wird für höfliche, formelle Aufforderungen benutzt. Man verwendet heute die Form **veuillez**, das etwa *Bitte* gleichkommt: **Veuillez patienter.** *Bitte warten Sie.*

1 Markieren Sie die korrekte Imperativform.

a. (tu) **Mange / Mangeons / Mangez** tes carottes !

b. (vous) **Aie / Ayons / Ayez** du respect pour vos parents !

c. (nous) **Finis / Finissons / Finissez** l'exercice de la page 32.

d. (vous) **Obéis / Obéissons / Obéissez** à vos parents !

e. (tu) **Lave / Lavons / Lavez** ton assiette *(deinen Teller)*, s'il te plaît *(bitte)*.

f. (nous) **Vends / Vendons / Vendez** nos vieux livres.

2 Konjugieren Sie diese Verben in der richtigen Imperativform.

Beispiel: (regarder/tu) les beaux oiseaux ! → Regarde les beaux oiseaux !

a. (arrêter/tu) .... de parler avec Julien !

b. (prendre/vous) .... les valises, s'il vous plaît.

c. (écouter/tu) .... le professeur !

d. (être/nous) .... généreux !

e. (vouloir/vous) .... entrer dans l'église silencieusement *(leise)*.

f. (partir/tu) .... à huit heures.

3 Übersetzen Sie die Aufforderungen ins Französische.

a. Esst euer Brot!/Essen Sie Ihr Brot! ....

b. Komm aus dem Badezimmer heraus! ....

c. Lasst uns in die Bibliothek gehen! ....

d. Lass uns einen Film anschauen! ....

e. Lest/Lesen Sie die Übung auf Seite 16! ....

f. Nimm einen Keks! ....

Der verneinte Imperativ *(L'impératif négatif)*

Der verneinte Imperativ ist gleichbedeutend mit einem Verbot. Man fordert eine Person auf, etwas zu unterlassen. Hierzu wird das Verb in **ne ... pas ...** eingeschlossen: **Ne mange pas ces champignons !** *Iss diese Pilze nicht!*

4 Ordnen Sie die Wörter, so dass Aufforderungen entstehen.

a. ne / à / Sophie / téléphone / pas ....

b. pas / votre / ne / adresse / donnez ....

c. les / finissez / pas / ne / oranges ....

d. tes / pas / perds / ne / clés *(Schlüssel)* ....

e. ne / maison / aujourd'hui / choisissons / pas / une ....

....

5 Übersetzen Sie die Sätze aus Übung 4 ins Deutsche.

a. ....

b. ....

c. ....

d. ....

e. ....

f. ....

Der Imperativ mit Objektpronomen (L'impératif avec les pronoms objets)

Bei Befehlen und Aufforderungen steht oft nach dem Verb ein Objektpronomen, das mit einem Bindestrich angeschlossen wird: **Range-<u>les</u> !** *Räum <u>sie</u> weg!*; **Vendez-<u>la</u> !** *Verkauft <u>sie</u>!*, **Dis-<u>moi</u>!** *Sag [es] <u>mir</u>!*

6 Markieren Sie das korrekte Objektpronomen.

Beispiel: les verres → Remplissez-le / la / les

a. l'assiette *(der Teller)* → Lave-**le** / **la** / **les** !

b. la maison → Bâtis-**le** / **la** / **les** !

c. l'exercice → Finissez-**le** / **la** / **les** !

d. les problèmes → Explique-**le** / **la** / **les** !

e. le train → Prends-**le** / **la** / **les** !

7 Formulieren Sie Befehle mit dem Imperativ und dem passenden Objektpronomen.

Beispiel: Tu vois le livre ? (lire) → Lis-le !

a. Vous voyez les enfants ? (appeler) .... !

b. Tu vois les bonbons ? (donner) .... !

c. Vous voyez la chaise ? (vendre) .... !

d. Tu vois la salade ? (prendre) .... !

e. Vous voyez la bouteille *(Flasche)* ? (remplir) .... !

f. Tu vois l'exercice p. 4 ? (finir) .... !

Der Imperativ reflexiver Verben (L'impératif des verbes pronominaux)

Der Imperativ der reflexiven Verben (z. B. **se lever** *aufstehen*) wird ebenso gebildet wie der Imperativ mit Objektpronomen. Die Reflexivpronomen werden jedoch zu betonten Pronomen: **toi**, **nous**, **vous**.

Lève-toi ! *Steh auf!*, **Réveillons-nous !** *Lasst uns aufwachen!*, **Habillez-vous !** *Zieht euch/Ziehen Sie sich an!*

8 Verwandeln Sie die Aussagen in Aufforderungen.

Beispiel: Tu t'amuses. → Amuse-toi !

a. Vous vous douchez. → .... !

b. Nous nous levons. → .... !

c. Tu te couches. → .... !

d. Tu te promènes. → .... !

e. Vous vous réveillez. → .... !

Nach dem Weg fragen (Trouver son chemin)

- Um höflich nach dem Weg zu fragen, sagt man **Excusez-moi, où est .../où se trouve ... ?** *Entschuldigung, wo ist ...?/wo befindet sich ...?*
- Für Wegbeschreibungen benutzt man in der Regel den Imperativ: **Tourne(z) à gauche.** *Bieg (Biegt/Biegen Sie) nach links ab.*

Wegbeschreibungen (Demander et donner des directions)

à droite *[a dro-at]*	*(nach) rechts*
à gauche *[a go▸sch]*	*(nach) links*
au coin de la rue *[o ko-äñ dö la rü▸]*	*an der Straßenecke*
après *[a-prä]*	*nach (+ Ort)*
avant *[a-wañ]*	*vor (+ Ort)*
continuer *[koñ-ti-nü-e▸]*	*weitergehen, weiterfahren*
derrière *[dä-ri-jä▸r]*	*hinter (+ Ort)*
devant *[dö-wañ]*	*vor (+ Ort)*
en face de *[añ faß dö]*	*gegenüber*
prendre *[prañ-dr(ö)]*	*nehmen*
tourner *[tur-ne▸]*	*abbiegen*
tout droit *[tu droa]*	*geradeaus*
traverser *[tra-wär-ße▸]*	*überqueren*

9 Ordnen Sie die französischen Begriffe ihren deutschen Entsprechungen zu.

droite	*abbiegen*
gauche	*vor*
devant	*rechts*
derrière	*weitergehen, weiterfahren*
tourner	*hinter*
traverser	*links*
continuer	*überqueren*

10 Übersetzen Sie die Sätze ins Französische.

a. Biegen Sie nach der Kirche rechts ab. (**vous**) → ....

b. Fahr geradeaus weiter. (**tu**) → ....

c. Die Apotheke ist hinter dem Museum. → ....

d. Der Bahnhof befindet sich gegenüber vom Schwimmbad. → ....

....

e. Nehmen Sie die erste Straße **(rue)** links. (**vous**) → ....

....

Bien fait ! Die 15. Lektion ist geschafft! Bewerten Sie Ihre Übungsergebnisse, und tragen Sie sie hier und auch in der Punktetabelle auf Seite 127 ein.

16 Futur

Die Zukunft (Le futur)

- Das Futur wird für eine Handlung oder einen Zustand verwendet, die bzw. der in der Zukunft stattfinden wird. Das Futur wird eher als unabhängige Verbform konjugiert und nur hin und wieder mit einem Hilfsverb (z. B. *werden*) gebildet.
- Bei den regelmäßigen Verben lässt sich das Futur leicht konjugieren: Alle drei Verbgruppen (**-er**, **-ir** und **-re**) haben dieselben Endungen, die einfach an den Infinitiv angehängt werden. Bei den Verben auf **-re** entfällt jedoch das letzte **-e** des Infinitivs.

	aimer	finir	vendre
je/j'	aimerai	finirai	vendrai
tu	aimeras	finiras	vendras
il/elle	aimera	finira	vendra
nous	aimerons	finirons	vendrons
vous	aimerez	finirez	vendrez
ils/elles	aimeront	finiront	vendront

Hinweis: Die Endungen für die Formen **je**, **tu**, **il/elle** und **ils/elles** sind dieselben wie die Gegenwartsformen von **avoir**. Die **nous**-Endung ist **-ons** und die **vous**-Endung ist **-ez**.

1 Ergänzen Sie das passende Verb in seiner Futurform von der Aktentasche.

a. Nous .... le train samedi à 14 h.

b. Elles .... en voiture dimanche matin.

c. J' .... un sandwich à la gare.

d. Jean .... le chemin *(Weg)* de l'hôtel.

e. Tu .... un taxi pour aller au restaurant.

f. Vous .... la carte *(Karte)* pour trouver votre chemin.

2 Konjugieren Sie die Verben in der korrekten Personalform des Futurs.

a. Alice (regarder) .... la télévision avec Marco.

b. Anne et Alex (rendre) *(zurückgeben)* .... la voiture à leurs parents.

c. Vous (bâtir) .... une nouvelle maison en centre-ville.

d. Nous (descendre) .... du bus car *(da, weil)* nous sommes en retard.

e. Tu (danser) .... toute la nuit !

f. Je (choisir) .... un nouveau livre.

Unregelmäßige Verben im Futur (Verbes irréguliers au futur)

- Wie im Präsens nehmen Verben, die auf **e** + Konsonant + **er** enden (wie **acheter** und **appeler**), im Futur einen Akzent (**è**) an oder verdoppeln mitunter den Konsonanten: **j'achèterai** *ich werde kaufen*, **tu appelleras** *du wirst (an)rufen.*

Einige unregelmäßige Verben im Futur *(Quelques verbes irréguliers au futur)*

Einige Verben verwenden im Futur nicht den Infinitiv als Stamm. Dazu gehören u. a.:

- **aller** *gehen*: **j'irai, tu iras, il/elle ira, nous irons, vous irez, ils/elles iront**
- **avoir** *haben*: **j'aurai, tu auras, il/elle aura, nous aurons, vous aurez, ils/elles auront**
- **courir** *rennen*: **je courrai, tu courras, il/elle courra, nous courrons, vous courrez, ils/elles courront**
- **devoir** *müssen*: **je devrai, tu devras, il/elle devra, nous devrons, vous devrez, ils/elles devront**
- **envoyer** *schicken, senden*: **j'enverrai, tu enverras, il/elle enverra, nous enverrons, vous enverrez, ils/elles enverront**
- **être** *sein*: **je serai, tu seras, il/elle sera, nous serons, vous serez, ils/elles seront**
- **faire** *machen, tun*: **je ferai, tu feras, il/elle fera, nous ferons, vous ferez, ils/elles feront**
- **mourir** *sterben*: **je mourrai, tu mourras, il/elle mourra, nous mourrons, vous mourrez, ils/elles mourront**
- **pouvoir** *können*: **je pourrai, tu pourras, il/elle pourra, nous pourrons, vous pourrez, ils/elles pourront**
- **savoir** *wissen*: **je saurai, tu sauras, il/elle saura, nous saurons, vous saurez, ils/elles sauront**
- **tenir** *halten*: **je tiendrai, tu tiendras, il/elle tiendra, nous tiendrons, vous tiendrez, ils/elles tiendront**
- **venir** *kommen*: **je viendrai, tu viendras, il/elle viendra, nous viendrons, vous viendrez, ils/elles viendront**
- **voir** *sehen*: **je verrai, tu verras, il/elle verra, nous verrons, vous verrez, ils/elles verront**
- **vouloir** *wollen, möchten*: **je voudrai, tu voudras, il/elle voudra, nous voudrons, vous voudrez, ils/elles voudront**

3 Markieren Sie die zehn Futurverben im Text.

Charlotte est contente : son frère, Éric, arrivera demain de Paris et passera une semaine avec elle. Ils iront au musée des sciences puis mangeront au restaurant. Éric partira ensuite pendant deux jours et verra son ami Philippe à Tours : "Tu viendras avec moi ?" demandera Éric à Charlotte. "Oui, peut-être ! J'irai voir mon amie Sophie !" répondra Charlotte.

4 Markieren Sie die korrekte Futurform der unregelmäßigen Verben.

a. Elle **saurai / sauras / saura** si elle part à Paris samedi.

b. **Viendrons / Viendra / Viendras**-tu avec ta sœur au cinéma ?

c. Nous **serez / sera / serons** très heureux de venir vous voir.

d. Tu ne **devrai / devras / devrez** pas te lever à 8 h.

e. **Ferai / Ferez / Feront**-vous un gâteau pour la fête *(Party)* de Mélanie ?

f. Caroline et Stéphanie **verrons / verront / veront** le nouveau film de Jean Dujardin vendredi prochain.

5 Ergänzen Sie die Verben in der Futurform.

a. Nous (venir) .... vous voir dimanche à midi.

b. Je ne (voir) .... pas Colette demain soir.

c. Vous (pouvoir) .... manger des bonbons après le dîner.

d. Maéva (faire) .... ses devoirs *(Hausaufgaben)* ce week-end.

e. Paula et Aymeric (devoir) .... aider leurs parents dans le jardin.

f. Tu (courir) .... pour aller à l'école !

Die nahe Zukunft (*Le futur proche*)

- Für ein Ereignis, das mit großer Sicherheit in naher Zukunft eintreten wird, verwendet man in der Umgangssprache die Konjugationsformen von **aller** *gehen* + das Hauptverb im Infinitiv: **Je vais partir en vacances demain.** *Ich werde morgen in den Urlaub fahren.* **Il va manger au restaurant ce soir.** *Er wird heute Abend im Restaurant essen.*
- Man kann auch einfach das Präsens verwenden, um auszudrücken, dass etwas in Kürze stattfinden wird: **Demain, je mange au restaurant.** *Ich esse morgen im Restaurant.*

6 Konjugieren Sie das Verb aller im Präsens.

je .... il/elle .... vous ....

tu .... nous .... ils/elles ....

7 Ergänzen Sie für die nahe Zukunft die passende Form von aller.

Beispiel: Nous (aider) allons aider Karine à faire ses devoirs dimanche.

a. Vite *(Schnell)*! Vous **(rater)** *(verpassen)* .... le bus !

b. Nous **(voir)** .... Lucie à l'hôpital jeudi prochain.

c. Corentin **(écouter)** .... son nouveau CD ce soir.

d. Clarice et Lison **(manger)** .... tous les bonbons !

e. Je **(téléphoner)** .... à ton professeur demain.

f. Ils **(choisir)** .... leurs matières *(Unterrichtsfächer)* l'année prochaine.

Die Verneinung der nahen Zukunft (*La négation au futur proche*)

• Das konjugierte Hilfsverb **aller** wird in **ne ... pas** eingeschlossen:

Elle ne va pas aller au cinéma ce soir. *Sie geht heute Abend nicht ins Kino.*

Il ne va pas se lever à 8 heures demain matin. *Er wird morgen früh nicht um 8 Uhr aufstehen.*

8 Verneinen Sie die Sätze.

a. J'irai au Portugal l'année prochaine. → ....

....

b. Nous allons voir l'Arc de Triomphe à Paris. → ....

....

c. Ils vont manger tous les haricots verts *(grüne Bohnen)* et le brocoli. → ....

....

d. Vous visiterez le Canada en train. → ....

....

e. Audrey va prendre le bus pour aller à Tours. → ....

....

9 Übersetzen Sie die Sätze ins Französische.

a. Ich werde nicht fernsehen. → ....

b. Sie (Pl.) werden auf den Bus warten **(attendre)**. → ....

....

c. Sonia wird ihre Handtasche **(sac à main)** nicht verlieren **(perdre)**. → ....

....

d. Der Zug wird nicht um 10 Uhr morgens abfahren. → ....

....

e. Philippe wird die Fragen beantworten. → ....

....

10 **Setzen Sie die unterstrichenen Verbformen auf Französisch in das Kreuzworträtsel ein.**

a. du wirst lesen - er/sie/es wird machen

c. sie (Pl.) werden wollen

e. du wirst lieben

h. ich werde sein

i. er/sie wird malen

j. ich werde lieben

l. ihr werdet fragen

1. du wirst aufstehen

3. Sie (höfl.) werden kommen

5. ich werde wissen

7. er/sie wird füllen

8. ich habe (Präsens)

9. wir werden beenden

11. ihr werdet hoffen

13. ich werde glauben

	1	2	3	4	5	6	7	8	9	10	11	12	13
a													
b													
c													
d													
e													
f													
g													
h													
i													
j													
k													
l													

Chapeau ! Die 16. Lektion ist geschafft! Bewerten Sie Ihre Übungsergebnisse, und tragen Sie sie hier und auch in der Punktetabelle auf Seite 127 ein.

17

Adverbien

Die Bildung von Adverbien (La formation des adverbes)

- Ein Adverb ist eine nähere Umstandsbestimmung eines Verbs, eines Adjektivs oder eines anderen Adverbs.
- Im Französischen werden Adverbien durch Anhängen von **-ment** an ein Adjektiv gebildet. Endet das Adjektiv auf einem Vokal, wird die Endung an die männliche Form des Adjektivs angehängt (**rapide** *schnell* → **rapidement**, **absolu** *absolut* → **absolument**, **vrai** *wahr* → **vraiment** *wirklich*). Endet das Adjektiv auf einem Konsonanten, wird die Endung an die weibliche Form angehängt (**lent** *langsam* → **lentement**).
- Es gibt jedoch Ausnahmen: **bref** *kurz* → **brièvement**, **gentil** *nett* → **gentiment**.
- Adjektive, die auf **-ant** enden, verwandeln dieses zu **-amment**, und **-ent** wird zu **-emment**: **courant** *üblich* → **couramment** *üblicherweise*, **patient** *geduldig* → **patiemment**.
- Bestimmte Adverbien enden auf **-ément**, z. B. **précisément** *genau* und **énormément** *enorm*.

1 Verwandeln Sie die Adjektive in Adverbien.

a. joli → ....

b. triste → ....

c. grand → ....

d. léger → ....

e. joyeux → ....

f. gentil → ....

g. suffisant *(genügend)* → ....

Modaladverbien (Les adverbes de manière)

- Modaladverbien drücken aus, wie etwas getan wird. Sie enden oft auf **-ment** (z. B. **rapidement** *schnell*, **lentement** *langsam*, **sérieusement** *ernsthaft*).
- Hier finden Sie einige Modaladverbien, die nicht auf **-ment** enden, mit den entsprechenden Adjektiven.

Adjektive		Adverbien	
bon *[boñ]*	*gut*	**bien** *[bjäñ]*	*gut*
mauvais *[mo-wä]*	*schlecht*	**mal** *[mal]*	*schlecht*
meilleur *[mäi-jö‣r]*	*besser*	**mieux** *[mjö‣]*	*besser*

2 **Ergänzen Sie das passende Adjektiv oder Adverb aus der Liste. Geben Sie an, ob es sich um ein Adjektiv (ADJ) oder ein Adverb (ADV) handelt.**

rapidement - mauvais - gentiment - bien - jolie - bon - meilleur

a. C'est le .... gâteau de la pâtisserie.

b. Sa mère m'a parlé ....

c. Ce dessert était très ....

d. Elle entre dans la banque .... car son bus arrive dans cinq minutes.

e. Sa grand-mère va très ...., merci.

f. Demain, il fera .... Il y aura beaucoup de nuages.

g. Carla est vraiment .... aujourd'hui avec sa robe rouge !

Adverbien der Häufigkeit (Les adverbes de fréquence)

Sie stehen normalerweise nach dem Verb.

- -	**jamais**	*nie(mals)*
-	**rarement**	*selten*
+	**quelquefois,** **parfois,** **de temps en temps**	*manchmal, gelegentlich, hin und wieder*
+ +	**souvent,** **généralement**	*oft, in der Regel*
+ + +	**toujours,** **tout le temps**	*immer, ständig*

3 Markieren Sie das jeweils passende Adverb der Häufigkeit.

a. Un coiffeur parle **rarement / généralement** avec ses clients *(Kunden)*.

b. Une boulangère vend **rarement / toujours** du pain.

c. Un fermier travaille **parfois / toujours** avec un ordinateur *(Computer)*.

d. Une musicienne travaille **rarement / généralement** dans un bureau.

e. Un boucher vend **quelquefois / toujours** de la viande.

4 Übersetzen Sie die Sätze ins Französische.

a. Ich gehe oft ins Kino. → ....

b. Meine Schwester isst ständig Schokolade. → ....

....

c. Sie lesen nie. → ....

d. Henry steht manchmal um 7 Uhr morgens auf. → ....

....

e. Der Lehrer sagt nie hallo. → ....

Zeitadverbien (Les adverbes de temps)

Zeitadverbien antworten auf die Frage **Quand?** *Wann?* Der Hinweis auf einen bestimmten Zeitpunkt (z. B. **aujourd'hui**) kann am Satzanfang oder Satzende stehen.

après *[a-prä]*	*nach*
après-demain *[a-prä-dö-mäñ]*	*übermorgen*
aujourd'hui *[o-sch~ur-düi]*	*heute*
autrefois *[o-trö-foa]*	*damals, früher*
avant *[a-wañ]*	*vorher*
avant-hier *[a-wañ-tjä‣r]*	*vorgestern*
bientôt *[bjäñ-to]*	*bald*
déjà *[de-sch~a]*	*schon, bereits*
demain *[dö-mäñ]*	*morgen*
depuis *[dö-püi]*	*seitdem*
ensuite *[añ-ßüit]*	*danach*

hier *[i-jä‣r]*	*gestern*
il y a *[il-ja]*	*vor*
jamais *[sch~a-mä]*	*nie(mals)*
maintenant *[mäñ-tö-nañ]*	*jetzt, nun*
parfois *[par-foa]*	*manchmal*
puis *[püi]*	*dann*
rarement *[ra-r(ö)-mañ]*	*selten*
souvent *[ßu-wañ]*	*oft*
tard *[tar]*	*spät*
tôt *[to‣]*	*früh*
toujours *[tu-sch~u‣r]*	*immer (noch)*
tout de suite *[tu dö ßüit]*	*sofort*

5 Ergänzen Sie das passende Adverb aus der Liste.

DEMAIN - BIENTÔT - TARD - TÔT - SOUVENT - HIER - JAMAIS

a. Je ne vais .... au musée : c'est trop ennuyeux *(zu langweilig)* !

b. Rachel ira chez ses grands-parents ....

c. Vous devez vous lever .... : le train part à 6 h !

d. Nous allons .... au cinéma car nous adorons voir les nouveaux films.

e. Tu ne peux pas rentrer après minuit : c'est trop .... !

f. ...., nous sommes allés chez le dentiste : c'était horrible !

g. Dépêchez-vous *(Beeilen Sie sich!)* ! Le bus va .... partir !

6 Übersetzen Sie die Sätze ins Deutsche.

a. ....

b. ....

c. ....

d. ....

e. ....

f. ....

g. ....

Ortsadverbien (Les adverbes de lieu)

Ortsadverbien antworten auf die Frage **Où ?** *Wo?*, *Wohin?* Sie können vor oder nach dem Verb stehen; normalerweise stehen sie nach dem Verb.

à droite *[a dro-at]*	*(nach) rechts*
à gauche *[a go▸sch]*	*(nach) links*
à l'intérieur de *[a läñ-te-ri-ör dö]*	*in, im Inneren von*
autour *[o-tu▸r]*	*um (herum)*
dehors *[dö-O▸r]*	*draußen, außen*
devant *[dö-wañ]*	*vor*
en bas *[añ ba]*	*unten*
en haut *[añ o]*	*oben*

ici *[i-ßi▸]*	*hier*
là *[la]*	*dort*
là-bas *[la ba]*	*dort drüben*
près *[prä]*	*nah, in der Nähe*
loin *[lo-äñ]*	*weit entfernt*
nulle part *[nül par]*	*nirgendwo*
partout *[par-tu]*	*überall*
quelque part *[käl-kö par]*	*irgendwo*

7 Ergänzen Sie das passende Adverb aus der Liste.

EN HAUT - DEHORS - EN BAS - PARTOUT - LÀ-BAS - LOIN - NULLE PART

a. Je n'ai pas trouvé *(gefunden)* mes clés. J'ai cherché ....
mais je ne les ai trouvées ....

b. "Où est maman ? – Elle est ...., regarde, à côté de la voiture sur le parking *(Parkplatz)* !"

c. "Où est la valise *(Koffer)* ? – Elle est ...., à la cave."

d. "Et les manteaux ? Où sont-ils ? – Ils sont ...., au grenier *(Dachboden)*."

e. "Peut-on aller à l'école à pied *(zu Fuß)* ?
– Oh, non, c'est trop .... Nous irons à l'école en voiture !"

f. "As-tu vu Rex ? – Oui, il est ...., dans le jardin."

Mengenadverbien (Les adverbes de quantité)

Werden diese Adverbien vor einem Substantiv verwendet, folgt ihnen **de**.

Mengenangaben: "wie viel?"/"wie viele?"	
assez (de) *[a-ße‣ dö]*	*genug (von)*
beaucoup (de) *[bo-ku dö]*	*viel (von)*
peu (de) *[pö dö]*	*wenig (von)*
plus (de) *[plüß dö]*	*mehr (von)*
trop (de) *[tro‣ dö]*	*zu viel, zu viele*
un peu (de) *[äñ pö dö]*	*ein wenig, ein bisschen*

8 Ergänzen Sie das passende Adverb aus der Kaffeekanne.

Voulez-vous encore du café, madame ?

– Non merci, j'en ai **(a)** ....

– Et désirez-vous **(b)** .... sucre *(Zucker)* ?

– Oh là là ! Non, il y en a déjà **(c)** .... !

– Du lait, peut-être *(vielleicht)* ? En *(davon)* voulez-vous **(d)** .... ?

– Oh non ! **(e)** ...., s'il vous plaît !!! J'adore le lait !

Frageadverbien (Les adverbes interrogatifs)

Frageadverbien sind mit Fragewörtern vergleichbar. (Informationen zu diesen finden Sie auf den Seiten 59-61.) Steht **combien** vor einem Substantiv, wird **de** ergänzt.

Combien (de) ? *[kOñ-bjäñ dö]*	*Wie viel/Wie viele?*
Comment ? *[ko-mañ]*	*Wie?*
Où ? *[u›]*	*Wo?*
Pourquoi ? *[pur-ko-a]*	*Warum?*
Quand ? *[kañ]*	*Wann?*
Quel ? *[käl]*	*Welcher, -e, -es?*
Qui ? *[ki]*	*Wer?*

9 Ergänzen Sie das passende Frageadverb aus der Tabelle darüber.

a. "..................... venez-vous à Paris ? – Nous venons vous voir en septembre."

b. "............................. es-tu triste ? – J'ai perdu mon chat !"

c. "............ est ce garçon avec ta sœur ? – C'est Marc, son ami."

d. ".......................... vas-tu aujourd'hui ? – Je vais bien."

e. ".......................... est papa ? – Il est dans le garage."

f. "....................... de sucres veux-tu dans ton café ? – Deux, s'il te plaît."

Die Stellung der Adverbien (La place des adverbes)

- Bestimmt ein Adverb ein Adjektiv näher, steht das Adverb vor diesem: **Elle est vraiment jolie.** *Sie ist wirklich hübsch.*
- Ein Adverb, das ein Verb näher beschreibt, steht normalerweise nach dem Verb: **Julie est rentrée rapidement.** *Julie kam schnell zurück.*
- Bei Verben, die aus mehr als einem Wort bestehen, stehen lange Adverbien nach dem Partizip: **Carlos a mangé lentement.** *Carlos hat langsam gegessen.* Ausnahmen: **certainement** *bestimmt*, **complètement** *vollständig*, **probablement** *wahrscheinlich*: **Il est probablement parti.** *Er ist wahrscheinlich abgereist.*
- Kurze Adverbien (**bien** *gut*, **souvent** *oft*, **mal** *schlecht*, **beaucoup** *viel*) stehen vor dem Partizip: **J'ai bien mangé.** *Ich habe gut gegessen.*
- In verneinten Sätzen folgen Adverbien nach **pas**: **Elle dort bien.** *Sie schläft gut.* → **Elle ne dort pas bien.** *Sie schläft nicht gut.*

10 Ordnen Sie die Wörter, so dass sich Sätze ergeben.

a. son / a / rapidement / bu / café / il

→ ....

b. pas / au / cinéma / je / souvent / ne / vais

→ ....

c. très / gentil / est / Sylvain / vraiment

→ ....

d. sa / mieux / va / beaucoup / grand-mère

→ ....

e. ne / Léa / mange / de / pain / jamais

→ ....

f. au / ils / cinéma / sont / avant-hier / allés

→ ....

Chouette ! Die 17. Lektion ist geschafft! Bewerten Sie Ihre Übungsergebnisse, und tragen Sie sie hier und auch in der Punktetabelle auf Seite 127 ein.

18 Vergleiche

Der Komparativ und Adjektive (*Le comparatif et les adjectifs*)

- Mit dem Komparativ werden die Eigenschaften zweier Substantive verglichen. Im Deutschen wird dies meist durch Anfügen des Suffixes "-er" an ein Adjektiv gebildet: *billiger, größer, usw.*
- *weniger als* ... wird mit **moins ... que ...** ausgedrückt, das das Adjektiv umschließt: **Karine est <u>moins</u> fatiguée <u>que</u> Coralie.** *Karine ist nicht so/weniger müde als Coralie.*
- Um auszudrücken, dass zwei Eigenschaften gleich sind, schließt man das Adjektiv in **aussi ... que ...** *so ... wie ... ein*: **Sophie est <u>aussi</u> intelligente <u>qu'</u>Éloïse.** *Sophie ist so intelligent wie Eloïse.*
- Zum Ausdruck von *mehr ... als ...* wird das Adjektiv in **plus ... que ...** eingeschlossen: **Pierre est <u>plus</u> bavard <u>que</u> Daniel.** *Pierre ist redseliger als Daniel.*
- **que** wird vor Vokal oder stummem **h** zu **qu'**. Das Adjektiv muss sich in Geschlecht und Zahl an das Subjekt, d. h. das erste der beiden verglichenen Elemente, angleichen.

Weitere Adjektive (*Autres adjectifs*)

Die weibliche Form ist jeweils in Klammern angegeben.

affreux(se) *[a-frö▸(s)]*	*schrecklich*
amusant(e) *[a-mü-sañ(t)]*	*lustig, witzig*
difficile *[di-fi-ßi▸l]*	*schwierig*
ennuyeux(se) *[añ-nü-i-jö▸(s)]*	*langweilig*
facile *[fa-ßi▸l]*	*einfach, leicht*
fatigant(e) *[fa-ti-gañ(t)]*	*ermüdend*
fatigué(e) *[fa-ti-ge▸]*	*müde*
génial(e) *[sch~e-njal]*	*großartig*
important(e) *[äñ-pOr-tañ(t)]*	*wichtig*
intéressant(e) *[äñ-te-re-ßañ(t)]*	*interessant*
inutile *[in-ü-til]*	*nutzlos*
mignon(ne) *[min-joñ]/[min-jOn]*	*süß, niedlich*
utile *[ü-til]*	*nützlich*

1 Ordnen Sie die französischen Adjektive ihrem deutschen Äquivalent zu.

1. fatigué	**a.** nützlich
2. fatigant	**b.** süß, niedlich
3. utile	**c.** lustig, witzig
4. facile	**d.** langweilig
5. ennuyeux	**e.** müde
6. amusante	**f.** einfach, leicht
7. mignonne	**g.** ermüdend

2 Geben Sie die weibliche Form der Adjektive an, und übersetzen Sie sie.

a. mignon → .... → ....

b. génial → .... → ....

c. intéressant → .... → ....

d. affreux → .... → ....

e. inutile → .... → ....

f. intelligent → .... → ....

3 Schreiben Sie die Sätze mit den Vergleichsadjektiven auf Basis der Symbole um (- weniger als / = gleich / + mehr als).

Beispiel: La chimie est (inutile =) le théâtre → La chimie est aussi inutile que le théâtre.

a. Les mathématiques sont (**utile +**) le sport. → ....

b. L'histoire (Fem.) est (**intéressant -**) la chimie. → ....

c. Le sport est (**amusant +**) le français. → ....

d. La géographie est (**ennuyeux =**) la musique. → ....

e. L'informatique (Fem.) est (**fatigant -**) le sport. → ....

4 Übersetzen Sie die Sätze ins Deutsche.

a. La table est plus grande que la chaise. → ....
....

b. Louis est moins gentil que Julian. → ....
....

c. Le gâteau de Julie est aussi mauvais que le tien ! → ....
....

d. Cette robe est plus jolie que celle-là *(jenes dort)*. → ....
....

e. Le sac bleu est aussi léger que le sac rouge. → ....
....

Der Komparativ und Adverbien (Le comparatif et les adverbes)

Bei Vergleichen mit Adverbien gelten dieselben Regeln wie bei Adjektiven. **Il écrit plus lentement qu'elle.** *Er schreibt langsamer als sie.*

- Sie wissen, dass Adverbien in der Regel durch Anfügen des Suffixes **-ment** an das Adjektiv gebildet werden. Endet dieses auf einem Vokal, wird die Endung an die männliche Form des Adjektivs angehängt (**joli** *hübsch* → **joliment**). Endet es auf einem Konsonanten, wird die Endung an die weibliche Form angehängt (**seul** → **seule** *alleine* → **seulement** *nur*).
- Es gibt auch einige unregelmäßige Adverbien: **prudent** *vorsichtig* → **prudemment**, **énorme** *enorm* → **énormément**, **meilleur** *besser* → **mieux**, **gentil** *nett* → **gentiment**.
- Einige Adverbien werden nicht aus Adjektiven gebildet: **vite** *schnell*, **bien** *gut*, **mal** *schlecht*. **Je vais aussi vite que toi.** *Ich gehe so schnell wie du.* **L'élève parle moins bien que le professeur.** *Der Schüler spricht nicht so gut wie der Lehrer.*

5 Adjektiv oder Adverb? Setzen Sie die Wörter in die jeweils richtige Spalte.

gentil – mieux – lentement – mauvais
gentiment – doucement – jeune – heureuse

Adjektive	Adverbien

6 Verwandeln Sie die Adjektive in Adverbien.

a. rare → ....
b. prudent → ....
c. calme → ....
d. rapide → ....
e. énorme → ....
f. gentil → ....

Der Superlativ *(Le superlatif)*

Der Superlativ drückt die höchste Steigerungsstufe aus. Das Deutsche benutzt hierfür oft das Suffix "-ster, -ste, -stes" an einem Adjektiv oder das vorangestellte *am (am größten; am teuersten,* usw.*).*

- Im Französischen wird der Superlativ mit dem Artikel **le**, **la** bzw. **les** und **plus** *mehr* / **moins** *weniger* + Adjektiv gebildet. Artikel und Adjektiv gleichen sich an das Substantiv an, das sie beschreiben: **les pommes <u>les plus</u> rouges** *die rötesten Äpfel.*
- Der vor dem Substantiv verwendete Artikel **(le/la/les)** muss mit dem im Superlativ verwendeten Artikel übereinstimmen: **C'est <u>le</u> restaurant <u>le</u> plus cher de la ville.** *Das ist das teuerste Restaurant der Stadt.*
- *in* bzw. *von* nach einem Superlativ wird durch **de** ausgedrückt: **Martine est la plus intelligent de la classe.** *Martine ist die Klügste in der Klasse.*

7 Markieren Sie den korrekten Artikel.

a. C'est **le / la / les** plus belle maison du quartier *(Stadtviertel).*

b. C'est **le / la / les** plus gentil professeur de l'école.

c. Ce sont les garçons **le / la / les** plus polis *(höflich)* de la classe.

d. C'est le chien **le / la / les** plus méchant du parc.

e. C'est la robe **le / la / les** plus jolie du magasin.

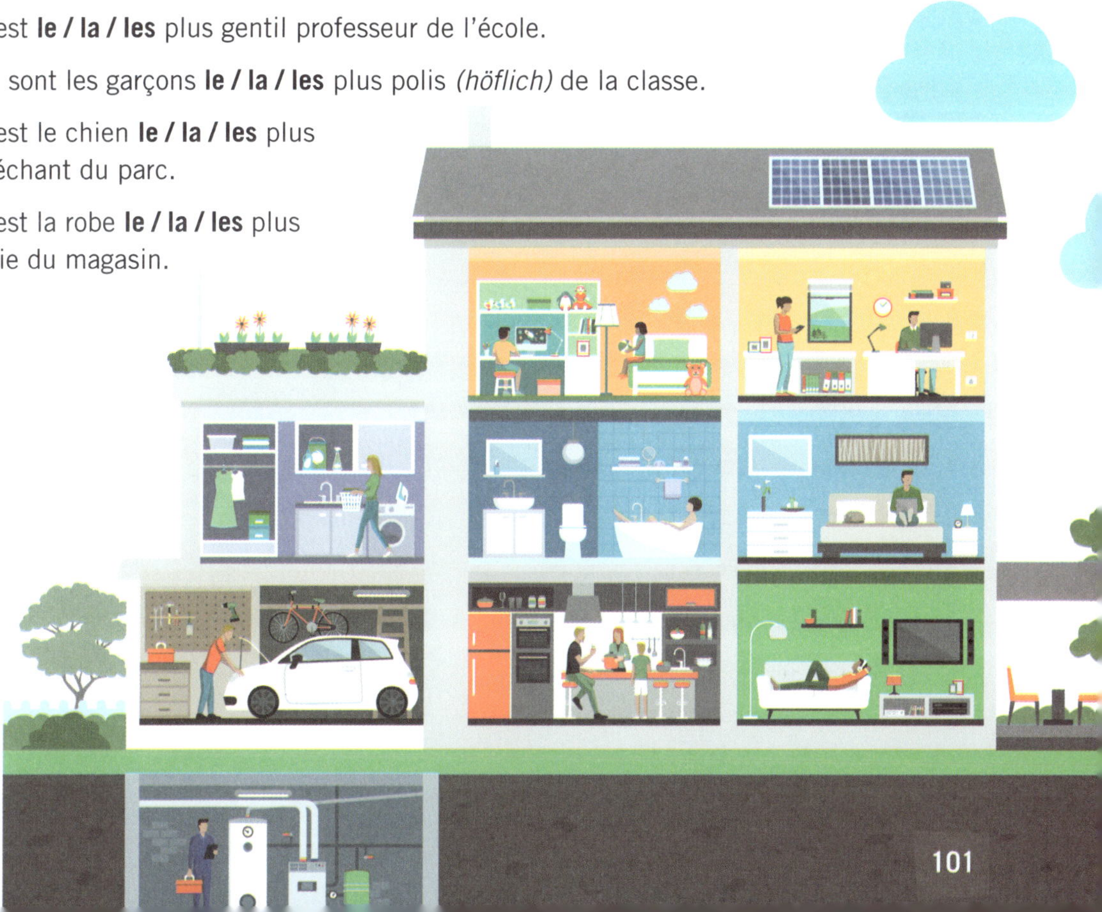

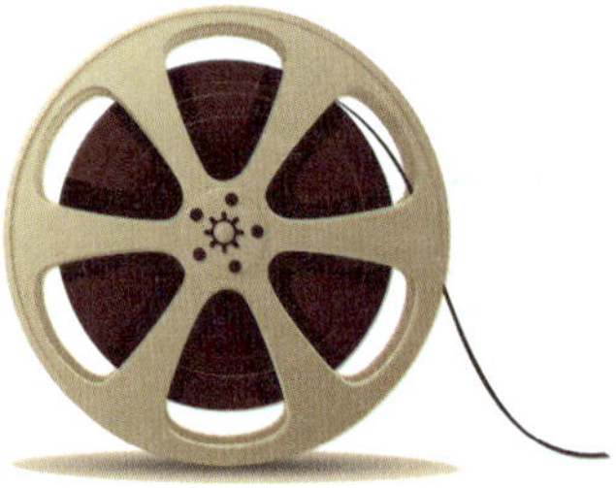

8 Geben Sie die korrekte Form des Adjektivs an.

Beispiel: Ces bébés sont les plus (mignon) de l'hôpital. → mignons

a. Ce film est le plus (**intéressant**) de la collection. → ....

b. Ces paniers *(Körbe)* sont les plus (**lourd**) du marché. → ....

c. Leurs voitures sont les plus (**propre** *sauber*) de la rue ! → ....

d. Ces filles sont les plus (**gentil**) de la famille. → ....

e. Cette grand-mère est la plus (**vieux**) du village. → ....

Unregelmäßige Formen *(Formes irrégulières)*

Einige Adjektive haben im Komparativ bzw. Superlativ spezifische Formen.

- **Mauvais** *schlecht* wird im Komparativ zu **pire** *schlimmer, schlechter* (**Il est pire que moi.** *Er ist schlimmer als ich.*) und im Superlativ zu **le/la/les pire(s)** *der/das/die schlechteste/ schlimmste* **C'est la pire semaine de ma vie !** *Das ist die schlimmste Woche meines Lebens!*
- **bon** *gut* wird im Komparativ zu **meilleur** *besser* und im Superlativ zu **le/la/les meilleur(s)** *der/die/ das beste.*
- **bien** *gut* wird im Komparativ zu **mieux** *besser*: **Je me sens mieux depuis la semaine dernière.** *Seit letzter Woche fühle ich mich besser.*

9 Geben Sie die passende Komparativ- bzw. Superlativform an.

Beispiel: Noah est (+ mignon) le plus mignon de sa classe.

a. C'est (**+ bon**) dessert .... du menu.

b. Elles sont (**+ timide**) .... leurs sœurs.

c. Audrey est (**+ généreuse**) .... de la famille.

d. Ce film est (**+ mauvais**) .... du programme.

e. Lola est (**+ jeune**) .... Vanessa.

10 Übersetzen Sie diese Sätze ins Französische.

a. Dieses Buch ist das schlechteste ("Buch") in der Bibliothek.

→ ....

....

b. Davy ist kleiner als Geoffrey.

→ ....

....

c. Edwige ist das glücklichste Mädchen in der Schule.

→ ....

....

d. Ninon ist nicht so traurig wie ("ist weniger traurig als") Olivier.

→ ....

....

e. Diese Jungen sind die besten Spieler **(joueurs)** der Mannschaft **(l'équipe)**.

→ ....

....

Pas mal ! Die 18. Lektion ist geschafft! Bewerten Sie Ihre Übungsergebnisse, und tragen Sie sie hier und auch in der Punktetabelle auf Seite 127 ein.

19

Bindewörter

Konjunktionen *(Les conjonctions)*

Mit Konjunktionen (Bindewörtern) werden Wörter, Satzteile oder Sätze verbunden. Zu ihnen gehören u. a. **et** *und*, **mais** *aber*, **ou** *oder* und **parce que** *weil*.

Nebenordnende Konjunktionen *(Les conjonctions de coordination)*

Eine nebenordnende Konjunktion verbindet zwei Elemente von gleicher Wichtigkeit.

d'ailleurs *[da-jö▸r]*	*außerdem, übrigens*
ainsi *[äñ-ßi▸]*	*so, demnach, folglich*
au contraire *[o kOñ-trä▸r]*	*dagegen, im Gegenteil*
aussi *[o-ßi]*	*daher, deshalb*
car *[ka▸r]*	*da, weil*
c'est-à-dire *[ßä-ta-di▸r]*	*das heißt/bedeutet*
c'est pourquoi *[ßä pur-koa]*	*darum, deshalb*
cependant *[ßö-pañ-dañ]*	*dennoch, jedoch*
donc *[doñk]*	*also, folglich*

en effet *[añ ne-fä]*	*tatsächlich, in der Tat*
et *[e▸]*	*und*
mais *[mä]*	*aber*
néanmoins *[ne-añ-mo-äñ]*	*dennoch, trotzdem*
ni... ni... *[ni ni]*	*weder ... noch ...*
or *[O▸r]*	*nun, aber*
ou *[u]*	*oder*
pourtant *[pur-tañ]*	*jedoch, allerdings*
toutefois *[tut-fo-a]*	*jedoch, allerdings, immerhin*
soit... soit... *[ßo-a ßo-a]*	*entweder ... oder ...*

1 **Markieren Sie die nebenordnenden Konjunktionen.**

a. Je l'ai attendu *(auf ihn gewartet)* mais il n'est pas venu.

b. Ni Sophie ni Loïc n'ont de chien.

c. J'ai faim *(Ich habe Hunger)*. Toutefois, je t'attendrai pour manger.

d. Il fait très froid aujourd'hui ; d'ailleurs, nous avons mis le chauffage *(Heizung)*.

e. Il pleut beaucoup donc j'ai pris le parapluie *(Regenschirm)*.

f. Tu viens avec moi ou tu restes *(bleibst)* à la maison ?

2 Ergänzen Sie die passende Konjunktion aus der Liste.

soit... soit... - donc - c'est pourquoi - et - car

a. Laetitia n'aime pas skier, ... elle reste au chalet.

b. Je suis au lit .... je suis malade *(krank)*.

c. .... Lucien .... Christophe a un bateau *(Boot)*.

d. Lauriane s'est levée .... elle a pris son petit déjeuner.

e. Charlie n'a pas réussi son examen ; .... il est grognon *(mürrisch)*.

Unterordnende Konjunktionen (Les conjonctions de subordination)

Mit ihnen wird ein Neben- mit einem Hauptsatz verknüpft. Ein Nebensatz ist ein Satzteil, der ergänzende Informationen zum Hauptsatz liefert und normalerweise durch eine Konjunktion eingeleitet wird. Während ein Hauptsatz alleine stehen kann, ist ein Nebensatz nur in Verbindung mit dem Hauptsatz sinnvoll, den er modifiziert.

Hauptsatz	Nebensatz
Je l'aime bien	**parce qu'elle est très gentille.**
Ich mag sie sehr	*weil sie sehr freundlich ist.*

Unterordnete Konjunktionen *(Les conjonctions de subordination)*

alors que *[a-lO‣r kö]*	*während, obwohl*
à moins que *[a moäñ kö]*	*es sei denn*
afin que *[a-fäñ kö]*	*um zu, damit*
après que *[a-prä kö]*	*nachdem*
aussitôt que *[o-ßi-to kö]*	*sobald*
comme *[kOm]*	*da, weil*
depuis que *[dö-püi kö]*	*seitdem*
dès que *[dä kö]*	*sobald, sowie*

lorsque *[lOrß-kö]*	*wenn, als*
parce que *[par-ßö kö]*	*weil*
pendant que *[pañ-dañ kö]*	*während*
puisque *[püiß-k(ö)]*	*weil, da nun einmal*
quand *[kañ]*	*wenn, als*
que *[kö]*	*dass*
si *[ßi]*	*falls*
tandis que *[tañ-di kö]*	*während, wohingegen*

Hinweis: Auf diese Konjunktionen folgen Verben im Indikativ (im Gegensatz zum Konjunktiv), der Verbform der Gegenwart, die Sie in diesem Übungsheft kennenlernen.

3 Ordnen Sie die französischen Konjunktionen ihrem deutschen Äquivalent zu.

1. pendant que	**a.** wenn, als
2. lorsque	**b.** da, weil
3. tandis que	**c.** seitdem
4. aussitôt que	**d.** während
5. après que	**e.** nachdem
6. depuis que	**f.** während, wohingegen
7. comme	**g.** sobald

4 Markieren Sie die unterordnenden Konjunktionen und übersetzen Sie sie.

a. Je suis tombé amoureux *(Ich habe mich verliebt)* d'Ophélie dès que je l'ai vue.
➜ ....

b. Mathilde est en colère *(wütend)* parce que son chien a mangé le gâteau.
➜ ....

c. Quand il rentre de l'école, il mange beaucoup.
➜ ....

d. Je ne cuisine *(koche)* pas de brocolis puisque les enfants ne les aiment pas.
➜ ....

e. Si tu veux plus de chocolat, tu dois demander !
➜ ....

f. Depuis que je suis allée au Portugal, je veux y retourner *(dorthin zurückzukehren)* !
➜ ....

Weitere Konjunktionen (Autres conjonctions)

Die folgende Tabelle führt zahlreiche Konjunktionen und Bindewörter auf, die bei der Satzbildung verwendet werden können, um z. B. eine zeitliche Abfolge auszudrücken, Alternativen vorzuschlagen, Gegensätze herauszustellen, Beispiele anzuführen oder Schlussfolgerungen zu formulieren.

Zeitliche Abfolge/Reihenfolge ausdrücken *(Ordonner)*

d'abord *[da-bOr]*	*zuerst*
premièrement *[pröm-jär-mañ]*	*erstens, zunächst*
deuxièmement *[dö-sjä-mañ]*	*zweitens, als nächstes*
ensuite *[añ-ßüit]* / **puis** *[püi]*	*dann, danach*
finalement *[fi-nal-mañ]*	*schließlich, abschließend*

Alternativen vorschlagen *(Proposer une alternative)*

d'un côté *[däñ ko-te‣]* **...** **de l'autre côté** *[dö lo-tr(ö) ko-te‣]* **...**	*einerseits* *andererseits*
ou ... ou ... *[u ... u]*	*entweder ... oder ...*
par ailleurs *[par a-jÖ‣r]* **de plus** *[dö plüß]*	*anderweitig, außerdem*

Gegensätze herausstellen *(Opposer des idées)*

au contraire *[o kOñ-trä‣r]*	*im Gegenteil*
par contre *[par kOñ-tr(ö)]* **d'un autre côté** *[däñ no‣-tr(ö) ko-te‣]*	*andererseits*
en revanche *[añ rö-wañsch]*	*hingegen*

Beispiele anführen *(Suggérer des exemples)*

ainsi *[äñ-ßi‣]*	*so wie*
donc *[doñk]*	*also, folglich*
notamment *[no-ta-mañ]*	*insbesondere*
par exemple *[par äg-sañ-pl(ö)]*	*zum Beispiel*

Schlussfolgerungen formulieren *(Conclure)*

en bref *[añ bräf]*	*kurz (gesagt)*
en conclusion *[añ kOñ-klü-sjoñ]* **pour conclure** *[pur kOñ-klü‣r]*	*abschließend*
en résumé *[añ re-sü-me‣]*	*zusammenfassend*
finalement *[fi-nal-mañ]*	*schließlich, abschließend*
pour finir *[pur fi-ni‣r]*	*zum Schluss*

5 Ordnen Sie die französische Konjunktion ihrem deutschen Äquivalent zu.

1. notamment
2. pour finir
3. ainsi
4. ensuite
5. par exemple
6. en résumé
7. par contre

a. so wie
b. zum Beispiel
c. andererseits
d. insbesondere
e. zusammenfassend
f. zum Schluss
g. dann, danach

6 Ergänzen Sie die passenden Konjunktionen.

finalement – deuxièmement – de plus – ensuite
en résumé – premièrement – par contre

"Mon voyage en Italie est un vrai désastre !
(a) ...., le train était
très en retard (mit viel Verspätung). (b)
.........................,j'ai perdu un sac ! (c)
........................., le train s'est arrêté
pendant une heure.
(d) ...., nous sommes arrivés
à Florence avec trois heures de retard.
(e) ...., il fait très chaud en
Italie, c'est affreux. (f) ....,
les Italiens sont très sympas (sehr nett)
et la nourriture (Essen) est délicieuse !
(g) ...., un voyage
agréable (angenehm) mais parfois
frustrant (frustrierend) !"

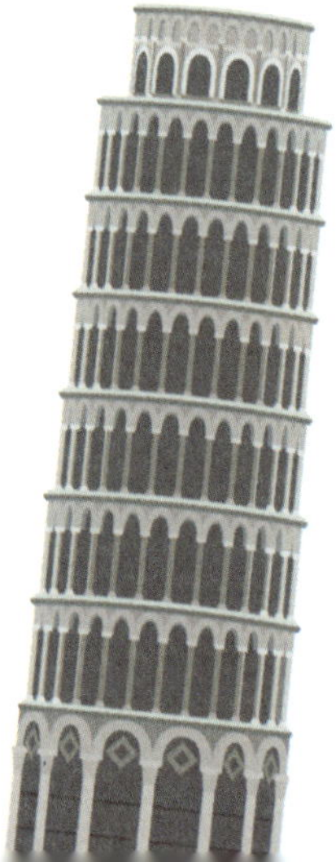

7 Ergänzen Sie die passenden Konjunktionen.

a. Je ne suis pas allée au cinéma .... je n'aime pas le film.

b. Luc n'aime pas les chats. ...., il en a adopté un ! Il s'appelle Tigrou.

c. .... l'automne arrive, les feuilles *(die Blätter)* tombent.

d. .... tu veux acheter une nouvelle console de jeu *(Spielekonsole)*, économise ton argent de poche *(spare dein Taschengeld)* !

e. Louise est fatiguée, ... elle veut aller à la fête !

f. Patrice déteste les fruits : ...., il ne peut pas manger d'oranges.

Splendide ! Die 19. Lektion ist geschafft! Bewerten Sie Ihre Übungsergebnisse, und tragen Sie sie hier und auch in der Punktetabelle auf Seite 127 ein.

20 Wiederholung

1 Schreiben Sie die Zahlen auf Französisch.

a. 10 ....

b. 54 ....

c. 100 ....

d. 205 ....

e. 6 ....

f. 25 ....

g. 589 ....

h. 999 ....

2 Übersetzen Sie die Sätze ins Französische.

a. Mein Vater ist auf dem Dachboden. → ....

b. Ihre Brüder sind in der Küche. → ....

c. Seine Eltern sind Rechtsanwälte. → ....

d. Ihre Großmutter ist Zahnärztin. → ....

e. Deine Schwester ist im Badezimmer. → ....

f. Eure Mutter ist Lehrerin. → ....

3 Ergänzen Sie zu jeder Abbildung den korrekten französischen Begriff mit dem bestimmten Artikel.

a. ....

b. ....

c. ....

d. ....

e. ....

f. ....

g. ....

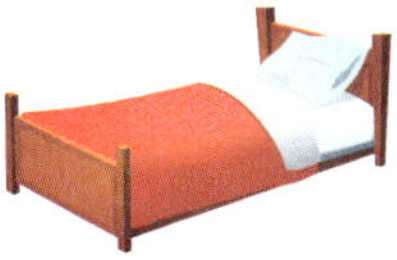

h. ....

i. ....

j. ....

k. ....

l. ....

4 Suchen Sie die französischen Entsprechungen dieser Adjektive im Buchstabengitter.

klein
alt
jung
schwierig
hübsch
glücklich (zweimal)

A	C	E	G	J	Q	A	E	V	E
D	F	M	H	L	P	E	T	I	T
E	J	O	L	I	M	A	D	E	R
D	R	C	C	M	L	J	U	U	F
I	D	H	E	U	R	E	U	X	D
F	D	E	B	B	Z	U	Z	W	C
F	V	A	F	B	U	N	D	V	X
I	D	G	H	V	T	E	B	E	G
C	N	E	E	H	I	F	E	R	T
I	L	I	U	G	L	É	G	E	R
L	O	U	R	D	E	J	A	W	I
E	O	A	E	R	S	G	E	T	S
B	M	A	U	V	A	I	S	H	T
S	A	C	X	D	U	P	E	F	E

hässlich
traurig
schwer (Fem.)
leicht
nützlich
schlecht

5 Ordnen Sie die Buchstaben dieser Nationalitätsbezeichnungen. Geben Sie dann den Namen des entsprechenden Landes mit dem Artikel an.

Beispiel: icmaaerin → américain → les États-Unis

a. dleaalnm → .... → ....

b. iishonc → .... → ....

c. issseu → .... → ....

d. lesnapgo → .... → ....

e. aaspojni → .... → ....

f. séenrialnda → .... → ....

6 Ordnen Sie die Tiere den deutschen Entsprechungen zu und ergänzen Sie den unbestimmten Artikel.

1. .... chat	**a.** eine Schlange
2. .... serpent	**b.** (einige) Pferde
3. .... chevaux	**c.** eine Maus
4. .... lapine	**d.** eine Katze
5. .... tortue	**e.** ein (weibliches) Kaninchen
6. .... souris	**f.** eine Hündin
7. .... chienne	**g.** eine Schildkröte

7 Schreiben Sie die Uhrzeiten aus.

a. 2.15 = Il est ....

b. 15.25 = Il est ....

c. 20.45 = Il est ....

d. 8.30 = Il est ....

e. 16.10 = Il est ....

f. 5.55 = Il est ....

8 Konjugieren Sie die Verben in der Gegenwart.

écouter *zuhören*	**finir** *beenden*	**vendre** *verkaufen*
je/j'	je/j'	je/j' ....
tu	tu	tu ....
il/elle	il/elle	il/elle ....
nous	nous	nous ....
vous	vous	vous ....
ils/elles	ils/elles	ils/elles ....
être *sein*	**avoir** *haben*	**aller** *gehen*
je/j'	je/j'	je/j' ....
tu	tu	tu ....
il/elle	il/elle	il/elle ....
nous	nous	nous ....
vous	vous	vous ....
ils/elles	ils/elles	ils/elles ....
appeler *(an-)rufen*	**prendre** *nehmen*	**faire** *machen, tun*
je/j'	je/j'	je/j' ....
tu	tu	tu ....
il/elle	il/elle	il/elle ....
nous	nous	nous ....
vous	vous	vous ....
ils/elles	ils/elles	ils/elles ....

9 Schreiben Sie die passenden Fragen (tu und vous) zu den Antworten.

a. .... ? – Je m'appelle <u>Amélie</u>.

b. .... ? – J'habite à <u>Paris</u>.

c. .... ? – <u>Antoine</u> va au musée avec moi.

d. .... ? – Sophie vient <u>demain</u>.

e. .... ? – J'ai <u>neuf</u> chemises.

f. .... ? – Je suis fatiguée <u>parce que je me suis couchée à minuit</u>.

10 Bilden Sie Sätze aus den angegebenen Elementen.

Beispiel: Ethan / 1 / grau / Mantel → Ethan a un manteau gris.

a. Léo / 5 / schwarz / Hosen → ....

b. Bérénice / 10 / rosa / Hüte → ....

c. Maël / 20 / grün / Mützen → ....

d. Sasha / 0 / rot / Kleid → ....

e. Colin und Marie / 3 / braun / Hemden → ....

f. Du / 7 / violett / Schlafanzüge → ....

11 Übersetzen Sie die Sätze in der zusammengesetzten Vergangenheit ins Französische.

a. Caroline ist gestern ins Kino gegangen. → ....

b. Francis hat die Erdbeeren gegessen. → ....

c. Ich habe alle Bücher gelesen. → ....

d. Sie (3. Pers. Pl.) haben dieses Museum sehr gemocht. → ....

e. Du hast deine Hausaufgaben gemacht. → ....

f. Sie (3. Pers. Pl.) haben ihr Haus verkauft. → ....

12 **Bilden Sie mithilfe der Smileys wie im Beispiel gezeigt jeweils zwei Sätze.**

🙂 = aimer 🙂🙂 = adorer ☹ = ne pas aimer ☹☹ = détester

Beispiel: Tom ☹ Radfahren → Tom n'aime pas le cyclisme. / Tom n'aime pas faire du vélo.

a. Chantal und Clément / 🙂🙂 / Schwimmen

→ ……………………………………………………………………

→ ……………………………………………………………………

b. Du / ☹ / Tennis

→ ……………………………………………………………………

→ ……………………………………………………………………

c. Ich / 🙂 / Walking

→ ……………………………………………………………………

→ ……………………………………………………………………

d. Wir / ☹☹ / Gymnastik

→ ……………………………………………………………………

→ ……………………………………………………………………

e. Manon / 🙂 / Rugby

→ ……………………………………………………………………

→ ……………………………………………………………………

13 **Ergänzen Sie die fehlenden Akzente und andere Aussprachezeichen.**

a. Noel
b. Paques
c. une fete
d. francais
e. zero
f. aout
g. ta mere
h. une secretaire
i. une lecon
j. bientot
k. un velo
l. un hotel
m. vous etes
n. americain
o. les pates

14 Maskulinum (M) oder Femininum (F)? Plural (P) oder nicht? Kreuzen Sie an.

	M	F	P
a. ma sœur			
b. la viande			
c. une fermière			
d. mes frères			
e. l'eau			
f. des musiciens			
g. un dentiste			
h. l'orange			
i. mon grand-père			
j. les pommes de terre			

15 Ordnen Sie jedem Substantiv den passenden bestimmten Artikel (le, l', la, les) zu.

le •	• salon
l' •	• toilettes
la •	• chambres
les •	• hôtel
	• garage
	• salle à manger
	• entrée (Eingang)
	• cuisine

16 Geben Sie die entsprechende weibliche Form des Adjektivs an.

a. Il est joli. → Elle est ....

b. Il est heureux. → Elle est ....

c. Il est léger. → Elle est ....

d. Il est grand. → Elle est ....

e. Il est canadien. → Elle est ....

f. Il est vieux. → Elle est ....

g. Il est bon. → Elle est ....

h. Il est amoureux. → Elle est ....

17 Markieren Sie das korrekte Possessivadjektiv.

a. Regarde ! **Ta / Mon / Ses** chat dort sur le canapé !

b. Elle aime beaucoup **ta / mon / ses** frères.

c. Connais-tu *(Kennst du)* **sa / mon / leurs** amie Lucile ?

d. Vous devez visiter **ma / ton / ses** nouvelle maison !

e. Où est **mon / tes / ta** raquette de tennis ?

f. Elle a perdu **ma / ton / leurs** clés.

18 Ergänzen Sie das passende Subjektpronomen.

a. .... regardons la télévision avec Laurent et Sophie.

b. .... ai mangé trop de bonbons !

c. .... embrasse tous les garçons de l'école !

d. Es- .... allé à la poste ce matin ?

e. .... réussissez toujours vos tests ?

f. .... aiment aller au cinéma le samedi soir.

19 Ergänzen Sie das passende Akkusativ- oder Dativpronomen.

a. Ils .... écoutent. (mir)

b. Tu .... attends ? (uns)

c. Je .... demande demain. (ihn)

d. Nous .... invitons bientôt. (euch)

e. Vous .... téléphonez demain ? (sie) (Sing.)

f. Elle .... aime beaucoup. (dich)

g. Sarah .... répond. (ihnen)

20 Schreiben Sie die Ordinalzahlen aus (z. B. 1er premier).

a. 4e ....

b. 20e ....

c. 14e ....

d. 32e ....

e. 100e ....

f. 60e ....

g. 12e ....

21 Konjugieren Sie die reflexiven Verben im Futur.

a. Nous **(se laver)** .... à 8 heures demain matin.

b. Renaud **(s'habiller)** .... très vite car il est en retard.

c. Adèle et Mathilde **(se lever)** .... à 7 h 30 jeudi prochain.

d. Tu **(se brosser)** .... les dents ce soir.

e. Vous **(se réveiller)** .... à 10 heures ce week-end.

f. Je **(se promener)** .... dans le jardin plus tard.

Félicitations ! Sie haben alle Übungen dieses Hefts absolviert! Bewerten Sie Ihre Übungsergebnisse, und tragen Sie sie hier und auch in der Punktetabelle auf Seite 127 ein.

1. Alphabet und Aussprache

1 **a.** Martine: äm-a-är-te-i-än-ö **b.** Xavier: ikß-a-we-i-ö-är **c.** Gilles: sch~e-i-äl-äl-ö-äß **d.** Joseph: sch~i-o-äß-ö-pe-asch **e.** Patrick: pe-a-te-är-i-ße-ka

2 monsieur – *Gnädiger Herr*; au revoir – *Auf Wiedersehen*; bonjour – *Guten Morgen (auch Guten Tag)*; bonne nuit – *Gute Nacht*; mademoiselle – *Gnädiges Fräulein*; salut – *Hallo*; à bientôt – *Bis bald*

3 **a.** salut *Hallo* **b.** bonsoir *Guten Abend* **c.** madame *gnädige Frau* **d.** bientôt *bald* **e.** bienvenue *willkommen*

4 **a.** Pâques: pe-a[accent circonflexe]-kü-ü-ö-äß **b.** Noël: än-o-ö[tréma]-äl **c.** Pentecôte: pe-ö-än-te-ö-ße-o[accent circonflexe]-te-ö **d.** Épiphanie: ö[accent aigu]-pe-i-pe-asch-a-än-i-ö **e.** pères: pe-ö[accent grave]-är-ö-äß

5 **a.** âge *Alter* **b.** être *sein* **c.** frère *Bruder* **d.** salut *hallo* **e.** France *Frankreich* **f.** français *französisch; Franzose* **g.** fête *Feier, Feiertag*

6 **a.** père *Vater* **b.** août *August* **c.** leçon *Lektion* **d.** Suède *Schweden* **e.** canoë *Kanu* **f.** américain *amerikanisch; Amerikaner*

7 estomac *[äß-to-ma]*; salut *[ßa-lü›]*; abricot *[a-bri-ko]*; nerf *[nä›r]*; trop *[tro›]*; deux *[dö›]*; outil *[u-ti›]*; trois [tro-a]; mot *[mo›]*; froid *[fro-a]*

8 deux – 2; dix – 10; zéro – 0; neuf – 9; cinq – 5; huit – 8; sept – 7

10

	1	2	3	4	5	6	7	8	9	10	11	12	13
A					T	R	O	I	S				
B									A/Â	G	E		
C					M				L				
D				B	O	N	J	O	U	R		M	
E					N				T			È	
F			D		S			C		Z	É	R	O
G	A	M	E	R	I	C	A	I	N			E	U
H	M		U		E			N	E	U	F		T
I	I		X		U	N		Q			R		I
J					R					N	O	Ë	L
K											I		
L											D	I	X

2. Weitere Infos zur Aussprache

1 **a.** salut *Hallo* **b.** ami *Freund* **c.** mère *Mutter* **d.** quatre *vier* **e.** mot *Wort* **f.** américain *amerikanisch; Amerikaner*

2 **a.** zéro Null **b.** quatorze vierzehn **c.** huit acht **d.** dix-neuf neunzehn **e.** vingt zwanzig **f.** treize dreizehn

3 **a.** onze *[Oñ]* **b.** à demain *[äñ]* **c.** tante *[añ]* **d.** faim *[äñ]* **e.** chacun *[äñ]* **f.** bonjour *[Oñ]* **g.** patin *[äñ]* **h.** parfum *[äñ]*

4 **a.** sœur *Schwester* **b.** douze *zwölf* **c.** grand-père *Großvater* **d.** enfant *Kind* **e.** cinq *fünf* **f.** oncle *Onkel*

5 **a.** *[tü]* **b.** *[ßa-lü›]* **c.** *[mü-sik]* **d.** *[büß]* **e.** *[flüt]*

6 **a.** *[tü-tü]* **b.** *[tut]* **c.** *[sch~u›r]* **d.** *[fü-tü›r]* **e.** *[du›s]*

7 **a.** *[bOñ-sch~u›r]* **b.** *[tro-a]* **c.** *[o rö-wo-ar]* **d.** *[ka-tr(ö)]* **e.** *[ä›-tr(ö)]*

8 mère = Martine; sœur = Audrey; père = Guy; grand-mère = Michelle; frère = Alexandre; grand-père = Marcel

3. Substantive und Artikel

1 mère (w.); chambre (w.); fils (m.); salon (m.); grenier (m.); maison (w.)

2 **a.** salon *Wohnzimmer* **b.** maison *Haus* **c.** garage *Garage* **d.** cuisine *Küche* **e.** chambre *Schlafzimmer* **f.** grenier *Dachboden*

3 **a.** des greniers **b.** des sœurs **c.** des salons **d.** des parfums **e.** des chambres **f.** des pères

4 **a.** F **b.** M **c.** F **d.** F/M **e.** F/M **f.** M **g.** M

5 **a.** Nous sommes musiciennes. **b.** Nous sommes médecins. **c.** Nous sommes dentistes. **d.** Nous sommes bouchères. **e.** Nous sommes chanteuses.

6 **a.** w. **b.** m./w. **c.** m./w. **d.** w. **e.** w.

7 **a.** une **b.** un **c.** des **d.** la **e.** le **f.** les **g.** *Je suis / Nous sommes*

8 **a.** La **b.** Les **c.** Le **d.** Les **e.** Les **f.** La

9 **a.** cuisine **b.** garçons **c.** avocat **d.** comédien

10 je suis – tu es – il/elle est – nous sommes – vous êtes – ils/elles sont

11 j'ai – tu as – il/elle a – nous avons – vous avez – ils/elles ont

12 **1.** d **2.** f **3.** a **4.** e **5.** c **6.** b

4. Pronomen und weitere Infos zu Artikeln

1 **a.** des **b.** un **c.** un **d.** une **e.** un

2 **a.** une **b.** une **c.** des **d.** des **e.** des **f.** un **g.** des **h.** un **i.** des

3 **a.** Fem. Sing. **b.** Fem. Pl. **c.** Mask. Sing. **d.** Mask. Sing. **e.** Fem. Sing. **f.** Mask. Pl. **g.** Fem. Sing.

4 **a.** de la **b.** du **c.** des **d.** de la **e.** des **f.** du **g.** de la **h.** de l'

5 **a.** du gâteau **b.** des bonbons **c.** du lait **d.** de la tomate **e.** de la viande **f.** des pâtes

6 **1.** f **2.** e **3.** b **4.** c **5.** d **6.** a

7 elle *sie*; nous *wir*; je/j' *ich*; ils *sie* (Mask. Pl.); vous *ihr*; il *er*; tu *du*; elles *sie* (Fem. Pl.)

8 **a.** Je **b.** Nous **c.** Vous **d.** Elles **e.** Il **f.** J'

9 te/t' *dich*; le/l' *ihn/es*; vous *euch/Sie*; nous *uns*; me/m' *mich*; les *sie* (Pl.); la/l' *sie/es*

10 **a.** m' **b.** les **c.** la **d.** t' **e.** nous **f.** l'

11 **a.** m' **b.** vous **c.** leur **d.** lui **e.** lui

5. Adjectives

1 **a.** jolie **b.** petite **c.** lourde **d.** vieille **e.** méchante **f.** jeune

2 **a.** lourds **b.** grandes **c.** légers **d.** tristes **e.** fous **f.** moches

3 vieille – jeune; petits – grands; gentilles – méchantes; moche – belle; heureuse – triste; lourde – légère; bons – mauvais

4 **a.** jolis **b.** heureux **c.** grandes **d.** mauvais **e.** petite **f.** belles **g.** bonne **h.** vieux

5 **1.** violet **2.** violette **3.** violettes **4.** verte **5.** verts **6.** vertes **7.** bleu **8.** bleue **9.** bleus **10.** orange **11.** orange **12.** orange **13.** gris **14.** grise **15.** grises **16.** blanc **17.** blancs **18.** blanches **19.** noir **20.** noire **21.** noirs **22.** rouge **23.** rouges **24.** rouges **25.** marron **26.** marron **27.** marron **28.** rose **29.** roses **30.** roses

6 **a.** verte **b.** violets **c.** blanches **d.** noir **e.** bleues

7 **a.** *Der Tisch ist grün.* **b.** *Die Sofas sind violett.* **c.** *Die Stühle sind weiß.* **d.** *Der Schreibtisch ist schwarz.* **e.** *Die Nachttische sind blau.*

8 **1.** Néerlandaise **2.** Espagnol **3.** Italien **4.** Italiens **5.** Japonaise **6.** Japonaises **7.** Allemand **8.** Allemande **9.** Allemands **10.** Suisse **11.** Suisses **12.** Suisses **13.** Autrichiens **14.** Autrichiennes

9

F	C	V	T	D	H	A	L	N	A
S	E	H	D	O	I	S	O	A	C
E	A	O	L	C	D	D	N	M	N
N	N	L	V	B	E	L	G	E	N
N	G	L	E	J	N	E	A	R	E
E	L	A	S	A	H	S	P	I	I
I	A	N	O	P	I	L	S	C	L
D	I	D	E	O	C	S	E	A	A
A	S	A	N	N	S	U	T	I	R
N	D	I	T	A	L	I	E	N	T
A	H	S	N	I	A	S	I	E	S
C	S	D	E	S	D	S	F	D	U
N	A	D	N	A	M	E	L	L	A

6. Besitz und Zugehörigkeit, Vorlieben und Abneigungen

1 **a.** sa souris **b.** leur sœur **c.** C'est ton cheval. **d.** C'est notre grand-père. **e.** C'est votre poisson. **f.** vos chiens

2 **a.** mes **b.** ta **c.** vos **d.** son **e.** notre **f.** leur

3 **a.** le poisson *der Fisch* **b.** la souris *die Maus* **c.** le serpent *die Schlange* **d.** le cheval *das Pferd* **e.** la lapine *das Kaninchen (weibl.)* **f.** le hamster *der Hamster*

4 **a.** j' **b.** -e **c.** mehrere – höfliche/formelle

5 **a.** j'adore **b.** tu adores **c.** il/elle adore **d.** nous adorons **e.** vous adorez **f.** ils/elles adorent

6

F	R	O	P	S	H	Y	U	F	P	M
Y	J	E	M	N	J	U	D	O	U	I
K	L	N	A	T	A	T	I	O	N	M
A	W	F	R	R	T	E	O	T	A	A
I	R	A	C	Q	E	P	O	B	T	S
S	U	T	H	A	N	D	B	A	L	L
S	G	U	E	E	N	R	T	L	J	I
H	B	M	D	S	I	Y	G	L	D	L
C	Y	C	L	I	S	M	E	B	H	M

Walking marche; *Handball* handball; *Fußball* football; *Rugby* rugby; *Radsport* cyclisme; *Schwimmsport* natation; *Judo* judo

7 **a.** *Julien liebt es, Tennis zu spielen.* **b.** *Coralie und Sidonie hassen Fußball.* **c.** *Wir laufen gerne.* **d.** *Ihr liebt/Sie lieben es, Gymnastik zu machen.* **e.** *Sie (Mask. oder Mask. und Fem. Pl.) spielen gerne Handball.*

8 **a.** Nous détestons le rugby. / Nous détestons jouer au rugby. **b.** Karine et Lucie adorent la natation. / Karine et Lucie adorent nager. **c.** Tu aimes le cyclisme. / Tu aimes faire du vélo. **d.** Je déteste le judo. / Je déteste faire du judo. **e.** Vous adorez la marche. / Vous adorez marcher.

9 **a.** a und c **b.** b und d **c.** Das Verb wird von **ne + pas** eingeschlossen **d.** Aus **ne** wird vor einem Vokal **n'**.

10 **a.** Je n'aime pas les bonbons. **b.** Je n'écoute pas ta mère. **c.** Il ne parle pas beaucoup. **d.** Elles ne regardent pas la télévision. **e.** Vous n'aidez pas votre sœur.

11 **a.** la jupe **b.** la casquette **c.** les chaussettes **d.** le pyjama **e.** la chemise

12 **a.** Ces **b.** Cette **c.** Ce **d.** Ce **e.** Cette

7. Präsens

1 **a.** J' **b.** Vous **c.** Elles **d.** Nous **e.** Tu

2 **a.** regarde **b.** jouons **c.** téléphone **d.** aidez **e.** appellent

3 **a.** parles **b.** joue **c.** aimons **d.** regardent **e.** demandez **f.** écoute

4 **a.** finit **b.** bâtissons **c.** choisissez **d.** réussis **e.** nourrissent **f.** réfléchis

5 **a.** choisis **b.** finissez **c.** nourris **d.** remplissent **e.** réfléchissons

6 **a.** choisis **b.** finissez **c.** remplit **d.** réussissons **e.** réfléchissent

7 **a.** Je/Tu **b.** Nous **c.** Vous **d.** Ils/Elles **e.** Il/Elle

8 1–e; 2–a; 3–f; 4–c; 5–d; 6–b

9 **a.** *Sie verkaufen ihr Haus.* **b.** *Unser Kuchen gelingt uns.* **c.** *Ihr wählt/Sie (höfl.) wählen einen Namen für die Katze.* **d.** *Ich verliere meine Bücher.* **e.** *Sie küsst Pacôme. f. Du hilfst Romain.*

⑩ **a.** Ils finissent le dîner. **b.** Je réussis à la natation. **c.** Nous descendons de cheval. **d.** Elle entend le chien. **e.** Tu donnes ton manteau. **f.** Vous demandez une table.

8. Zahlen und Zeitangaben

①

E	R	T	A	U	Q	E	T	N	A	X	I	O	S
Q	D	R	C	E	Q	U	A	R	A	N	T	E	K
H	V	V	E	N	Q	O	U	D	R	L	E	T	M
A	C	I	N	Q	U	A	N	T	E	D	E	U	X
E	J	N	T	F	I	O	U	M	R	S	A	I	S
T	N	G	T	I	N	M	S	I	T	O	X	M	K
P	M	T	U	E	Z	I	E	R	T	Z	I	W	P
E	S	D	S	R	E	L	Y	A	C	J	S	S	O
S	O	E	B	O	T	L	R	M	I	I	G	G	R
F	Q	U	A	T	R	E	V	I	N	G	T	U	N
D	I	X	G	Z	E	C	X	U	Q	Y	A	C	T
O	A	F	U	E	N	A	P	D	U	A	O	V	M
U	R	H	U	I	T	T	O	B	A	Z	E	R	O
Z	U	I	S	K	E	R	I	F	N	R	U	S	O
E	B	O	M	A	Z	Q	U	A	T	O	R	Z	E
I	U	S	O	I	X	A	N	T	E	D	I	X	A

0 = zéro, 3 = trois, 7 = sept, 8 = huit, 9 = neuf, 10 = dix, 12 = douze, 13 = treize, 14 = quatorze, 15 = quinze, 22 = vingt-deux, 30 = trente, 40 = quarante, 50 = cinquante, 52 = cinquante-deux, 64 = soixante-quatre, 70 = soixante-dix, 81 = quatre-vingt-un, 100 = cent, 1000 = mille

② **a.** douze **b.** trente **c.** soixante-dix **d.** quarante et un **e.** quarante-cinq **f.** trente-deux

③ **a.** quarante-sept **b.** vingt-deux **c.** mille **d.** quatre-vingts **e.** quatorze **f.** soixante

④ **a.** 3e **b.** 1000e **c.** 70e **d.** 16e **e.** 60e **f.** 19e **g.** 91e

⑤ **a.** premier **b.** quatorzième **c.** vingtième **d.** trente-deuxième **e.** cinquante-cinquième **f.** soixante-huitième **g.** quatre-vingt-sixième **h.** centième

⑥ **a.** premier/première **b.** douzième **c.** cinquantième **d.** centième **e.** dix-septième **f.** neuvième **g.** cinquante-deuxième

⑦

⑧ **a.** Il est trois heures / quinze heures. **b.** Il est minuit / midi. **c.** Il est neuf heures et demie / vingt et une heures trente. **d.** Il est onze heures et quart / vingt-trois heures quinze. **e.** Il est six heures moins le quart / dix-sept heures quarante-cinq. **f.** Il est huit heures / vingt heures.

⑨ 22:25 → dix heures vingt-cinq; 8:40 → neuf heures moins vingt; 5:10 → cinq heures dix; 12:00 → midi; 15:45 → quatre heures moins le quart; 6:50 → sept heures moins dix

9. Weitere Infos zum Präsens

① **a.** espérons **b.** achètes **c.** commencez **d.** envoient **e.** rangeons

② **a.** mangeons **b.** jette **c.** préfèrent **d.** appelles **e.** nettoie

③ appeler → c; jeter → a; manger → f; acheter → b; envoyer → e; nettoyer → d

④ **1.** b oder e **2.** b oder e **3.** f **4.** a **5.** c **6.** d

⑤ **a.** *Ich muss/Du musst Wasser trinken.* **b.** *Ich verabschiede mich/Du verabschiedest dich von deiner Großmutter.* **c.** *Sie zieht ihr blaues Kleid an.* **d.** *Wir streichen die Wand des Wohnzimmers.* **e.** *Ihr backt/Sie (höfl.) backen einen Schokoladenkuchen.* **f.** *Sie (Mask. Pl.) lesen viele Bücher.*

⑥ **a.** crois **b.** lisez **c.** peuvent **d.** savons **e.** dois

⑦ **a.** me **b.** se **c.** nous **d.** te **e.** vous

⑧ **a.** s' **b.** nous **c.** m' **d.** se **e.** vous **f.** te

⑨ **a.** se couche **b.** nous promenons **c.** me lave **d.** s'habillent **e.** te réveilles

⑩ **a.** la bouche *der Mund* **b.** les oreilles *die Ohren* **c.** les mains *die Hände* **d.** les cheveux *das Haar/die Haare* **e.** les jambes *die Beine* **f.** le ventre *der Magen*

10. Weitere Infos zu Pronomen

① **1.** c/d **2.** b/e **3.** f **4.** c/d **5.** b/e **6.** a

② **a.** J'adore ces chapeaux mais je veux celui-ci. **b.** J'adore ces chaussettes mais je veux celles-là. **c.** J'adore ces chemises mais je veux celle-là. **d.** J'adore ces jupes mais je veux celles-ci. **e.** J'adore ces casquettes mais je veux celle-ci.

③ **a.** le leur **b.** les siens **c.** la vôtre **d.** le mien **e.** la sienne **f.** les tiennes

④ **a.** le nôtre **b.** la tienne **c.** les vôtres **d.** les miennes **e.** le sien **f.** les leurs

⑤ **a.** un bâton de colle *ein Klebestift* **b.** un tableau *eine Tafel* **c.** des ciseaux *eine Schere* **d.** un livre *ein Buch* **e.** une gomme *ein Radiergummi*

⑥ **1.** c **2.** f **3.** e **4.** a **5.** d **6.** b

⑦ **a.** quels **b.** quelle **c.** quelles **d.** lesquels **e.** laquelle **f.** lesquelles

⑧ **a.** Quel **b.** Lesquelles **c.** Quels **d.** Laquelle / Lesquelles **e.** Quelle **f.** Lequel / Lesquels

11. Verschiedene Satztypen

①

	Subjekt	Verb	Objekt
a)	il	travaille	dans sa chambre
b)	nous	aimons	jouer au football
c)	elle	aide	sa mère
d)	vous	détestez	les mathématiques
e)	tu	adores	l'anglais

2 **a.** Elle embrasse ton cousin. **b.** Nous aimons la robe bleue. **c.** Vous téléphonez à votre grand-père. **d.** Loïc aime les vacances en Australie. **e.** Carole et Clothilde choisissent les chaussures rouges.

3 **a.** la chimie **b.** l'informatique **c.** le français **d.** le sport **e.** l'histoire **f.** le dessin

4 **a.** Je n'aime pas les pommes vertes. **b.** Elles ne sont jamais tristes. **c.** Carlos n'a aucun film en anglais. **d.** Louis et Suzanne ne jouent plus au basket-ball. **e.** Tu n'es ni grand ni petit.

5 **a.** *Ich mag keine grünen Äpfel.* **b.** *Sie (Fem. Pl.) sind nie traurig.* **c.** *Carlos hat keine Filme auf Englisch.* **d.** *Louis und Suzanne spielen nicht mehr Basketball.* **e.** *Du bist weder groß noch klein.*

6 **a.** Camille n'aime pas le chocolat. **b.** Pascal ne regarde pas la télé. **c.** Je n'ai aucun chapeau bleu. **d.** Ella ne mange jamais de tomates. **e.** Ma sœur n'a ni jupe ni robe / ni robe ni jupe.

7 **a.** *Camille mag keine Schokolade.* **b.** *Pascal sieht nicht fern.* **c.** *Ich habe keinen blauen Hut / keine blauen Hüte.* **d.** *Ella isst nie Tomaten.* **e.** *Meine Schwester hat weder einen Rock noch ein Kleid/ein Kleid noch einen Rock.*

8 **a.** As-tu un chat ? / Tu as un chat ? **b.** Aime-t-elle les croissants ? **c.** Est-ce qu'ils jouent au tennis ? **d.** Est-ce que tu aimes lire ? **e.** Habites-tu en Italie ? / Tu habites en Italie ?

9 **a.** Quand **b.** Que **c.** Quelle **d.** Où **e.** Qui **f.** Comment (Das überflüssige Wort ist **pourquoi**.)

10 **1.** d **2.** f **3.** a **4.** b **5.** c **6.** e

11 **a.** *Wer ist dieser Junge?* **b.** *Warum sieht er sich diesen Film nicht an?* **c.** *Wie kommst du morgen zu Sylvain?* **d.** *Welches Kleid ziehst du an, um zur Party zu gehen?* **e.** *Wann fahrt ihr/fahren Sie in den Urlaub?* **f.** *Was essen wir zum Mittagessen?*

12 **a.** Qu'écoutes-tu ? / Qu'est-ce que tu écoutes ? **b.** Où va Clarèle ? / Où Clarèle va-t-elle ? **c.** Qui est-elle ? **d.** Quand regardez-vous le film ? **e.** Pourquoi es-tu triste ?

12. Vergangenheit

1 **a.** allons **b.** Allez **c.** vont **d.** vais **e.** Vas

2 **a.** regarder **b.** avoir / donner **c.** avoir / finir **d.** être / descendre **e.** remplir **f.** avoir / répondre

3 1. Gruppe: chanter, ranger; 2. Gruppe: définir, nourrir; 3. Gruppe: apprendre, boire, vendre, répondre, savoir, entendre, pouvoir

4 **a.** apprendre (3) **b.** lire (3) **c.** manger (1) **d.** venir (2) **e.** se lever (1) **f.** espérer (1) **g.** faire (3)

5 **1.** détester, détesté **2.** perdre, perdu **3.** lire, lu **4.** finir, fini **5.** aimer, aimé **6.** réussir, réussi

6 **a.** tu as attendu → *du hast gewartet* **b.** nous avons regardé → *wir haben geschaut* **c.** vous avez vendu → *ihr habt/Sie haben verkauft* **d.** ils ont bâti → *sie* (m.) *haben gebaut* **e.** j'ai répondu → *ich habe geantwortet* **f.** elle a pu → *sie hat gemacht*

7 **a.** jeté **b.** envoyé **c.** restés **d.** lu **e.** tombée **f.** espéré

8 **a.** suis **b.** avons **c.** sont **d.** as **e.** a **f.** sommes

9 **a.** avons fini **b.** a voulu **c.** avez fait **d.** est allée **e.** sont partis **f.** ai vendu

10 **a.** compris **b.** bu **c.** lu **d.** fait **e.** pu **f.** écrit

13. Über die Zeit und das Wetter sprechen

1 **a.** Je ne vais pas à l'école en été. **b.** Loïc va au Portugal en automne. **c.** Noël est en hiver. **d.** Cora aime manger des glaces au printemps.

2 **Il y a:** b–c–f–h **Il fait:** a–d–e–g

3 **a.** Il y a du vent. **b.** Il fait beau. / Il y a du soleil. **c.** Il pleut. / Il y a de la pluie. / Il fait mauvais. / Il y a des nuages. **d.** Il fait chaud. **e.** Il fait froid.

4 **a.** à **b.** De… à… **c.** pendant **d.** Entre **e.** jusqu'à

5 **a.** *Ich gehe gegen 22.00 Uhr ins Bett.* **b.** *Ich rufe dich in 10 Minuten an.* **c.** *Ich komme vor 12 Uhr mittags nach Hause.* **d.** *Ich mache meine Hausaufgaben nach dem Abendessen.* **e.** *Ich bin seit heute Morgen im Schwimmbad.*

6 **a.** septembre **b.** février **c.** juillet **d.** juin **e.** décembre **f.** janvier

7 **a.** Aujourd'hui, nous sommes le 2 février 2012.
b. Aujourd'hui, nous sommes le 5 septembre 2010.
c. Aujourd'hui, nous sommes le 29 avril 2005.
d. Aujourd'hui, nous sommes le 1er août 2003.
e. Aujourd'hui, nous sommes le 15 juin 2013.

8 **a.** Je ne vais pas à l'école le samedi. **b.** Je vais au cinéma dimanche. **c.** J'ai géographie le mardi. **d.** Je vais chez mes grands-parents le mercredi. **e.** Elle va chez le dentiste vendredi.

9 **a.** souvent **b.** souvent **c.** généralement **d.** toujours **e.** généralement

10 **a.** Ils ne téléphonent jamais… **b.** Nous n'écoutons jamais… **c.** Vous ne finissez jamais… **d.** Tu n'entends jamais… **e.** Je ne perds jamais…

11 **a.** soir **b.** Aujourd'hui **c.** maintenant **d.** prochaine **e.** hier **f.** matin

14. Ortsangaben

1 **a.** entre **b.** dans **c.** loin de **d.** sur **e.** sous **f.** devant

2 **a.** *Die Toilette/das Bad befindet sich zwischen dem Schlafzimmer und der Küche.* **b.** *Dein Mantel ist in der Garage.* **c.** *Das Kino ist sehr weit von unserem Haus entfernt! Wir müssen mit dem Auto dorthin fahren.* **d.** *Die Pizza steht auf dem Küchentisch.* **e.** *Der Hund versteckt sich unter dem Bett meiner Eltern.* **f.** *Claire ist auf dem Sofa vor dem Fernseher.*

3 **a.** devant **b.** derrière **c.** sous **d.** dans **e.** sur **f.** entre **g.** à gauche / à côté **h.** à droite / à côté

4 **a.** dans **b.** à côté de **c.** à gauche **d.** en dessous **e.** en face de **f.** au milieu de

5 **a.** à **b.** en **c.** au **d.** aux **e.** en **f.** à

6 **a.** Aiko habite à Nagoya au Japon. **b.** Elvis habite à Tupelo aux États-Unis. **c.** Myriam habite à Boismorand en France. **d.** Marco habite à Cascais au Portugal. **e.** Chloé habite à Bruges en Belgique. **f.** Louis habite à Québec au Canada.

7 **a.** *Corinne ist zu Hause.* **b.** *Carlos geht am Samstag zu Paul.* **c.** *Oh nein! Meine Tasche ist bei deiner Großmutter!* **d.** *Die Kinder spielen im Park.* **e.** *Éloïse ist im Krankenhaus!*

8 **a.** à l' **b.** à la **c.** chez **d.** au **e.** chez **f.** à la

9 **a.** la pharmacie **b.** les urgences **c.** le dentiste **d.** l'église **e.** la bibliothèque **f.** l'hôpital

10 **Je vais:** a–b–e–h **Je viens:** c–d–f–g

15. Befehle und Aufforderungen

1 **a.** Mange **b.** Ayez **c.** Finissons **d.** Obéissez **e.** Lave **f.** Vendons

2 **a.** Arrête **b.** Prenez **c.** Écoute **d.** Soyons **e.** Veuillez **f.** Pars

3 **a.** Mangez votre pain ! **b.** Sors de la salle de bain ! **c.** Allons à la bibliothèque ! **d.** Regardons un film ! **e.** Lisez l'exercice p.16. **f.** Prends un biscuit !

4 **a.** Ne téléphone pas à Sophie. **b.** Ne donnez pas votre adresse. **c.** Ne finissez pas les oranges. **d.** Ne perds pas tes clés. **e.** Ne choisissons pas une maison aujourd'hui.

5 **a.** Ruf Sophie nicht an. **b.** Geben Sie Ihre/Gebt eure Adresse nicht an. **c.** Esst/Essen Sie die Orangen nicht auf. **d.** Verliere deine Schlüssel nicht. **e.** Lasst uns heute kein Haus aussuchen.

6 **a.** la **b.** la **c.** le **d.** les **e.** le

7 **a.** Appelez-les ! **b.** Donne-les ! **c.** Vendez-la ! **d.** Prends-la ! **e.** Remplissez-la ! **f.** Finis-le !

8 **a.** Douchez-vous ! **b.** Levons-nous ! **c.** Couche-toi ! **d.** Promène-toi ! **e.** Réveillez-vous !

9 droite *rechts* - gauche *links* - devant *vor* - derrière *hinter* - tourner *abbiegen* - traverser *überqueren* - continuer *weitergehen, -fahren*

10 **a.** Tournez à droite après l'église. **b.** Continue tout droit. **c.** La pharmacie est derrière le musée. **d.** La gare est en face de la piscine. **e.** Prenez la première rue à gauche.

16. Futur

1 **a.** prendrons **b.** partiront **c.** achèterai **d.** demandera **e.** appelleras **f.** lirez

2 **a.** regardera **b.** rendront **c.** bâtirez **d.** descendrons **e.** danseras **f.** choisirai

3 arrivera – passera – iront – mangeront – partira – verra – viendras – demandera – irai – répondra

4 **a.** saura **b.** Viendras **c.** serons **d.** devras **e.** Ferez **f.** verront

5 **a.** viendrons **b.** verrai **c.** pourrez **d.** fera **e.** devront **f.** courras

6 je vais – tu vas – il/elle va – nous allons – vous allez – ils/elles vont

7 **a.** allez rater **b.** allons voir **c.** va écouter **d.** vont manger **e.** vais téléphoner **f.** vont choisir

8 **a.** Je n'irai pas... **b.** Nous n'allons pas voir... **c.** Ils ne vont pas manger... **d.** Vous n'allez pas visiter... **e.** Audrey ne va pas prendre...

9 **a.** Je ne regarderai pas la télé. **b.** Ils vont attendre le bus. **c.** Sonia ne va pas perdre son sac à main. **d.** Le train ne partira pas à 10 heures. **e.** Philippe va répondre aux questions.

10

	1	2	3	4	5	6	7	8	9	10	11	12	13
a	L	I	R	A	S				F	E	R	A	
b	È				A				I				C
c	V		V	O	U	D	R	O	N	T			R
d	E		I		R		E		I		E		O
e	R		E		A	I	M	E	R	A	S		I
f	A		N		I		P		O		P		R
g	S		D				L		N		É		A
h			R				I		S	E	R	A	I
i		P	E	I	N	D	R	A			E		
j			Z				A	I	M	E	R	A	I
k											E		
l		D	E	M	A	N	D	E	R	E	Z		

17. Adverbien

1 **a.** joliment **b.** tristement **c.** grand → grande → grandement **d.** léger → légère → légèrement **e.** joyeux → joyeuse → joyeusement **f.** gentiment **g.** suffisamment

2 **a.** meilleur (ADJ) **b.** gentiment (ADV) **c.** bon (ADJ) **d.** rapidement (ADV) **e.** bien (ADV) **f.** mauvais (ADJ) **g.** jolie (ADJ)

3 **a.** généralement **b.** toujours **c.** parfois **d.** rarement **e.** toujours

4 **a.** Je vais souvent au cinéma. **b.** Ma sœur mange tout le temps du chocolat. **c.** Ils/Elles ne lisent jamais. **d.** Henry se lève parfois à 7 heures. **e.** Le professeur ne dit jamais bonjour.

5 **a.** jamais **b.** demain **c.** tôt **d.** souvent **e.** tard **f.** Hier **g.** bientôt

6 **a.** *Ich gehe nie ins Museum: Es ist zu langweilig!* **b.** *Rachel geht morgen zu ihren Großeltern.* **c.** *Sie müssen/Ihr müsst früh aufstehen: Der Zug fährt um sechs Uhr [morgens]!* **d.** *Wir gehen oft ins Kino, weil wir gerne neue Filme sehen.* **e.** *Du kannst nicht nach Mitternacht nach Hause kommen: Das ist zu spät!* **f.** *Gestern waren wir beim Zahnarzt: Es war schrecklich!* **g.** *Beeilen Sie sich/Beeilt euch! Der Bus fährt bald ab!*

7 **a.** partout – nulle part **b.** là-bas **c.** en bas **d.** en haut **e.** loin **f.** dehors

8 **a.** assez **b.** plus de **c.** trop **d.** un peu **e.** beaucoup

9 **a.** Quand **b.** Pourquoi **c.** Qui **d.** Comment **e.** Où **f.** Combien

10 **a.** Il a bu son café rapidement. **b.** Je ne vais pas souvent au cinéma. **c.** Sylvain est vraiment très gentil. **d.** Sa grand-mère va beaucoup mieux. **e.** Léa ne mange jamais de pain. **f.** Ils sont allés au cinéma avant-hier. / Avant-hier, ils sont allés au cinéma.

18. Vergleiche

1 **1.** e **2.** g **3.** a **4.** f **5.** d **6.** c **7.** b

2 **a.** mignonne → *niedlich* **b.** géniale → *großartig* **c.** intéressante → *interessant* **d.** affreuse → *schrecklich* **e.** inutile → *nutzlos* **f.** intelligente → *intelligent*

3 **a.** Les mathématiques sont plus utiles que le sport. **b.** L'histoire est moins intéressante que la chimie. **c.** Le sport est plus amusant que le français. **d.** La géographie est aussi ennuyeuse que la musique. **e.** L'informatique est moins fatigante que le sport.

4 **a.** *Der Tisch ist höher als der Stuhl.* **b.** *Louis ist weniger freundlich als/nicht so freundlich wie Julian.* **c.** *Julies Kuchen ist genauso schlecht wie deiner!* **d.** *Dieses Kleid ist hübscher als jenes.* **e.** *Die blaue Tasche ist so leicht wie die rote.*

5 **Adjektive:** gentil, mauvais, jeune, heureuse
Adverbien: mieux, lentement, gentiment, doucement

6 **a.** rarement **b.** prudemment **c.** calmement **d.** rapidement **e.** énormément **f.** gentiment

7 **a.** la **b.** le **c.** les **d.** le **e.** la

8 **a.** intéressant **b.** lourds **c.** propres **d.** gentilles **e.** vieille

9 **a.** le meilleur **b.** plus timides que **c.** la plus généreuse **d.** le pire (film) **e.** plus jeune que

10 **a.** Ce livre est le pire livre de la bibliothèque. **b.** Davy est plus petit que Geoffrey. **c.** Edwige est la fille la plus heureuse de l'école. **d.** Ninon est moins triste qu'Olivier. **e.** Ces garçons sont les meilleurs joueurs de l'équipe.

19. Bindewörter

1 **a.** mais **b.** Ni… ni **c.** Toutefois **d.** d'ailleurs **e.** donc **f.** ou

2 **a.** donc / c'est pourquoi **b.** car **c.** Soit… soit… **d.** et **e.** c'est pourquoi / donc

3 **1.** d **2.** a **3.** f **4.** g **5.** e **6.** c **7.** b

4 **a.** dès que → *sobald* **b.** parce que → *weil* **c.** Quand → *wenn* **d.** puisque → *da, weil* **e.** Si → *wenn, falls* **f.** Depuis que → *seit*

5 **1.** d **2.** f **3.** a **4.** g **5.** b **6.** e **7.** c

6 **a.** Premièrement **b.** Deuxièmement **c.** Ensuite **d.** Finalement **e.** De plus **f.** Par contre **g.** En résumé

7 **a.** car / parce que **b.** Toutefois / Pourtant / Cependant / Or **c.** Dès que / Quand **d.** Si **e.** mais / toutefois / pourtant **f.** par exemple

20. Wiederholung

1 **a.** dix **b.** cinquante-quatre **c.** cent **d.** deux cent cinq **e.** six **f.** vingt-cinq **g.** cinq cent quatre-vingt-neuf **h.** neuf cent quatre-vingt-dix-neuf

2 **a.** Mon père est dans le grenier. **b.** Ses frères sont dans la cuisine. **c.** Ses parents sont avocats. **d.** Sa grand-mère est dentiste. **e.** Ta sœur est dans la salle de bain. **f.** Votre mère est professeur.

3 **a.** les bonbons **b.** le gâteau **c.** la tomate **d.** le pain **e.** l'eau / le verre d'eau **f.** la banane **g.** le poisson / le dîner **h.** le lit **i.** la table **j.** la chaise **k.** le canapé **l.** la lampe

4

A	C	E	G	J	Q	A	E	V	E
D	F	M	H	L	P	E	T	I	T
E	J	O	L	I	M	A	D	E	R
D	R	C	C	M	L	J	U	U	F
I	D	H	E	U	R	E	U	X	D
F	D	E	B	B	Z	U	Z	W	C
F	V	A	F	B	U	N	D	V	X
I	D	G	H	V	T	E	B	E	G
C	N	E	E	H	I	F	E	R	T
I	L	I	U	G	L	É	G	E	R
L	O	U	R	D	E	J	A	W	I
E	O	A	E	R	S	G	E	T	S
B	M	A	U	V	A	I	S	H	T
S	A	C	X	D	U	P	E	F	E

5 **a.** allemand (m.) (allemande, f.) → l'Allemagne **b.** chinois (m.) (chinoise, f.) → la Chine **c.** suisse (m./f.) → la Suisse **d.** espagnol (m.) (espagnole, f.) → l'Espagne **e.** japonais (m.) (japonaise, f.) → le Japon **f.** néerlandais (m.) (néerlandaise, f.) → les Pays-Bas / la Hollande

6 **1.** d (un chat) **2.** a (un serpent) **3.** b (des chevaux) **4.** e (une lapine) **5.** g (une tortue) **6.** c (une souris) **7.** f (une chienne)

7 **a.** Il est deux heures et quart. / Il est deux heures quinze.
b. Il est quinze heures vingt-cinq. / Il est trois heures vingt-cinq de l'après-midi.
c. Il est neuf heures moins le quart. / Il est vingt heures quarante-cinq. / Il est huit heures quarante-cinq du soir.
d. Il est huit heures trente. / Il est huit heures et demie.
e. Il est quatre/seize heures dix.
f. Il est cinq heures cinquante-cinq. / Il est six heures moins cinq.

8 Präsens-Konjugationen:

écouter	**finir**
j'écoute	je finis
tu écoutes	tu finis
il/elle écoute	il/elle finit
nous écoutons	nous finissons
vous écoutez	vous finissez
ils/elles écoutent	ils/elles finissent
vendre	**être**
je vends	je suis
tu vends	tu es
il/elle vend	il/elle est
nous vendons	nous sommes
vous vendez	vous êtes
ils/elles vendent	ils/elles sont
avoir	**aller**
j'ai	je vais
tu as	tu vas
il/elle a	il/elle va
nous avons	nous allons
vous avez	vous allez
ils/elles ont	ils/elles vont
appeler	**prendre**
j'appelle	je prends
tu appelles	tu prends
il/elle appelle	il/elle prend
nous appelons	nous prenons
vous appelez	vous prenez
ils/elles appellent	ils/elles prennent
faire	
je fais	
tu fais	
il/elle fait	
nous faisons	
vous faites	
ils/elles font	

9 **a.** Comment t'appelles-tu ? / Comment vous appelez-vous ? **b.** Où habites-tu ? / Où habitez-vous ? **c.** Qui va au musée avec toi ? / Qui va au musée avec vous ? **d.** Quand vient Sophie ? **e.** Combien de chemises as-tu ? / Combien de chemises avez-vous ? **f.** Pourquoi es-tu fatiguée ? / Pourquoi êtes-vous fatiguée ?

10 **a.** Léo a cinq pantalons noirs. **b.** Bérénice a dix chapeaux roses. **c.** Maël a vingt casquettes vertes. **d.** Sasha n'a pas de robe rouge. / Sasha n'a aucune robe rouge. **e.** Colin et Marie ont trois chemises marron. **f.** Tu as / Vous avez sept pyjamas violets.

11 **a.** Caroline est allée au cinéma hier. **b.** Francis a mangé les fraises. **c.** J'ai lu tous les livres. **d.** Ils/Elles ont adoré ce musée. **e.** Tu as fait tes devoirs. **f.** Ils/Elles ont vendu leur maison.

12 **a.** Chantal et Clément adorent la natation. / Chantal et Clément adorent nager. **b.** Tu n'aimes pas le tennis. / Tu n'aimes pas jouer au tennis. **c.** J'aime la marche. / J'aime marcher. **d.** Nous détestons la gymnastique. / Nous détestons faire de la gymnastique. **e.** Manon aime le rugby. / Manon aime jouer au rugby.

13 **a.** Noël **b.** Pâques **c.** une fête **d.** français **e.** zéro **f.** août **g.** ta mère **h.** une secrétaire **i.** une leçon **j.** bientôt **k.** un vélo **l.** un hôtel **m.** vous êtes **n.** américain **o.** les pâtes

14 **a.** F **b.** F **c.** F **d.** M / P **e.** F **f.** M / P **g.** M **h.** F **i.** M **j.** F / P

15 **le:** salon, garage; **l':** hôtel, entrée; **la:** salle à manger, cuisine; **les:** toilettes, chambres

16 **a.** jolie **b.** heureuse **c.** légère **d.** grande **e.** canadienne **f.** vieille **g.** bonne **h.** amoureuse

17 **a.** Mon **b.** ses **c.** mon **d.** ma **e.** ta **f.** leurs

18 **a.** Nous **b.** J' **c.** J'/Elle/Il **d.** tu **e.** Vous **f.** Ils/Elles

19 **a.** m' **b.** nous **c.** lui **d.** vous **e.** lui **f.** t' **g.** leur

20 **a.** quatrième **b.** vingtième **c.** quatorzième **d.** trente-deuxième **e.** centième **f.** soixantième **g.** douzième

21 **a.** nous laverons **b.** s'habillera **c.** se lèveront **d.** te brosseras **e.** vous réveillerez **f.** me promènerai

Félicitations ! Sie haben das Ende dieses Übungshefts erreicht! Summieren Sie nun aus allen Lektionen die Anzahl der Smileys pro Smiley-Typ, und tragen Sie diese Zahlen in die untenstehende Übersicht ein. Addieren Sie dann die Gesamtzahl für jeden der drei Smiley-Typen.

1. Alphabet und Aussprache			
2. Weitere Infos zur Aussprache			
3. Substantive und Artikel			
4. Pronomen und weitere Infos zu Artikeln			
5. Adjektive			
6. Besitz und Zugehörigkeit, Vorlieben und Abneigungen			
7. Präsens			
8. Zahlen und Zeitangaben			
9. Weitere Infos zum Präsens			
10. Weitere Infos zu Pronomen			
11. Satztypen			
12. Vergangenheit			
13. Über die Zeit und das Wetter sprechen			
14. Ortsangaben			
15. Befehle und Aufforderungen			
16. Futur			
17. Adverbien			
18. Vergleiche			
19. Bindewörter			
20. Wiederholung			

Gesamtzahl (alle Lektionen) ....

Welcher Smiley hat die höchste Gesamtzahl?

Bravo ! Sie haben sich die wichtigsten Grundlagen des Französischen erarbeitet und sind nun bereit für die nächste Stufe!

Pas mal du tout... aber Sie können sich noch verbessern. Gehen Sie noch einmal zurück zu den Übungen, die Ihnen Schwierigkeiten bereitet haben, und lesen Sie die dazugehörigen Erklärungen erneut gründlich durch.

Encore un petit effort ! Ja, Französisch kann schon ganz schön knifflig sein! Arbeiten Sie das Übungsheft erneut durch, und lesen Sie die Erklärungen noch einmal gewissenhaft. Beim nächsten Mal wird es besser klappen!

Bildnachweis:

Shutterstock: Aleutie: 6h; Alex Gorka: 40 (chiffres); Alexander Ryabintsev: 29 (drapeaux bord de page); Anastasiia Kucherenko: 66b; ankomando: 6b, 48; Annasunny24: 72h, 104h; Becris: 107; benchart: 111 (lit); bilha golan: 114 (cinéma); bioraven: 22 (pain), 111 (pain); Blablo101: 26hg, 26hm, 26hd, 26bg, 26bd, 90b; Bplanet: 8b; Chernoskutov Mikhail: 78h (point d'interrogation); Colorlife: 56, 102h; createvil: 67g; Delices: 63 (pomme); Diana Hlevnjak: 85h; Dooder: 50h; elenabsl: 101; Elvetica: 19b; Evellean: 18 (figure 6), 95 (chien), 110b (avocats); Faber14: 84b; feelplus: 76, 112h; Filip Bjorkman: 10; Fotinia: 35 (pyjama), 51m; GoodVector: 34; graphic-line: 15; Gurza: 21hd, 59b; happymay: 35 (chaussettes); HelenStock: 45; HieroGraphic: 21hg; honglouwawa: 39; Iconic Bestiary: 31h, 94; Igogosha: 13; in_dies_magis: 57; Incomible: 47, 68h, 81b; Iurii_A: 118b; Ivan_Nikulin: 64; jabkitticha: 31b; jesadaphorn: 46 (figure 3), 67d (ampoule), 67d (homme); Julia Tim: 38h, 117b, 118h; karawan: 75b (cartons); KissBeetle: 49 (main), 50b; Kriukova Olya: 78m (vignettes x3); KY726871: 42; LanaN: 74 (chaise et lampe), 111 (lampe); lanitta: 35 (valise); LineTale: 77; liskus: 38b; Liudmila Dobraya: 21bg, 58b, 111 (tomate); Lorelyn Medina: 111 (canapé); Lucky Team Studio: 9h; lyeyee: 70b; Macrovector: 22 (glace), 32, 37h, 46 (figure 1), 49hd, 46 (figure 4), 60h, 72b, 99h, 105, 106, 108, 115; MakaCz: 63 (jus d'orange); MANGA MEDIA: 103; Manon_Labe: 96; MarinaMay: 117h; Marish: 83b; mart: 22 (jambon); Meilun: 11b, 86, 119; Merfin: 18 (figure 2); mghstars: 51d; mhatzapa: 12; milo827: 24b; miniwide: 59h; Minur: 111 (bonbons); mirrra3: 89 ; Miuky: 116b; miumi: 100; Mix3r: 68b, 70h, 71; MyClipArtStore.com: 104b; mything: 111 (banane); Nadya_Art: 91hg, 112b; NGvozdeva: 79; NokHoOkNoi: 111 (table); Nong Amory: 21bd; NotionPic: 22 (poisson), 65, 90, 111 (poisson); Oceans: 41, 52, 53; Older Brother: 111 (verre d'eau); Olga1818: 3h, 8h, 22h, 24h, 60b, 62, 82h, 87b, 102b, 109 (jeune fille), 114 (personnages), 116h; olillia: 99b; Oxy_gen: 55; Padma Sanjaya: 18 (figure 5); palasha: 61h; PODIS: 58h; Polyudova Yulia: 16; Pretty Vectors: 98; primiaou: 61b; Rimma Rii: 95 (plantes); Rimma Z: 93; Rosa Puchalt: 87h, 111 (gateau); Sentavio: 30 (chat), 30 (chien); Sibiryanka: 51g; SLdesign: 9b; SlyBrowney: 68m; Smart Design: 88; SofiaV: 80b; Spreadthesign: 30 (souris), 109 (arbres); Stocklifemax: 46 (figure 6); Studio Barcelona: 22 (pomme); Syquallo: 11h; takiwa: 46 (figure 5 – boîte aux lettres); Tarikdiz: 18 (figure 1); tn-prints: 5b; Tomacco: 33; tynyuk: 19h; vasabii: 66h; Vector pro: 28; venimo: 75h, 78h (sac), 81h, 85b; Vetreno: 83h; VikiVector: 73; Virinaflora: 78b; Visual Generation: 37b; Volha Shaukavets: 54; WWWoronin: 3b; Yurchenko Yulia: 14; Zubada: 63b; zzveillust: 74 (poisson), 111 (chaise). **DR:** 4, 17h, 17b, 18 (figure 3), 18 (figure 4), 22 (bouteille), 28 (drapeaux tableau), 35 (jupe), 35 (casquette), 35 (chemise), 43h, 43b, 44 (horloges et réveils), 46 (figure 2), 46 (figure 5 – enveloppe), 69, 80h, 82b, 84h (flèches), 90hd, 92, 97, 110h, 110b (balance).

Bibliografische Daten:

n°4038

ISBN 978-2-7005-0890-1

www.assimil.com

Gedruckt bei Tipografia Real, Rumänien

Grafisches Konzept: MediaSarbacane

Layout: Grégoire Chauvière

Realisierung: Lunedit